CITY|TRIP
ANGKOR

7 Mythos Angkor

- 8 Die Geschichte des Angkor-Reiches
- 10 *„Kambuja" – das Land der Khmer*
- 14 *Ein chinesischer Diplomat am Königshof von Angkor*
- 15 Die „Wiederentdeckung" des Angkor-Reiches
- 16 Der Wiederaufbau der Ruinen von Angkor
- 17 Architektur

19 Angkor entdecken

- 20 Kurztrip nach Angkor
- 22 *Literatur zur Einstimmung*
- 23 Praktische Infos zum Besuch des Angkor Archaeological Parks
- 23 *Angkor preiswert*
- 25 *Kambodscha – das verminte Land*

27 Petit Circuit – Kleiner Rundgang

- 27 ❶ Angkor Wat ★★★ [ch]
- 37 ❷ Phnom Bakheng ★★★ [cg]
- 38 ❸ Baksei Chamkrong ★ [cg]
- 39 ❹ Angkor Thom ★★★ [cg]
- 42 *Das „Lächeln der Khmer"*
- 43 ❺ Bayon ★★★ [cg]
- 50 ❻ Baphuon ★★ [cg]
- 50 ❼ Phimeanakas ★★ [cf]
- 51 ❽ Die Elefantenterrasse ★★★ [cf]
- 51 ❾ Die Terrasse des Leprakönigs ★★★ [cf]
- 52 ❿ Weitere Gebäude in Angkor Thom ★ [cf/cg]
- 53 ⓫ Chau Say Tevoda ★ [cg]
- 53 ⓬ Thommanon ★ [cg]
- 53 ⓭ Ta Keo ★★★ [cg]
- 54 ⓮ Ta Prohm ★★★ [cg]

◁ *Touristen genießen einen Elefantenritt durch eines der gigantischen Eingangstore, das in die Königsstadt Angkor Thom ❹ führt (014ar Abb.: at)*

57	⓯ Banteay Kdei ★★ [dg]	
57	⓰ Prasat Kravan ★★ [dg]	

58 Grand Circuit – Großer Rundgang
- 58 ⓱ Preah Khan ★★★ [cf]
- 60 ⓲ Neak Pean ★★★ [cf]
- 62 ⓳ Ta Som ★★★ [df]
- 62 ⓴ Östlicher Mebon ★★ [dg]
- 63 ㉑ Pre Rup ★★★ [dg]
- 64 ㉒ Banteay Samre ★★ [eg]

65 Weitere Tempel
- 65 ㉓ Banteay Srei ★★★
- 68 *Die Wassermacht Angkors*
- 69 ㉔ Kbal Spean ★
- 69 ㉕ Westlicher Mebon ★★ [ag]
- 69 ㉖ Die Roluos-Tempelgruppe ★★★ [ej]

71 Siem Reap entdecken

72 Die Innenstadt
- 72 *Das gibt es nur in Siem Reap*
- 73 ㉗ Die Altstadt ★★ [B6]
- 74 ㉘ Cambodian Cultural Village ★ [bi]
- 74 ㉙ Wat Kesaram ★ [A4]
- 74 ㉚ Royal Independence Gardens ★★ [B4]
- 74 ㉛ Wat Bo ★ [C5]
- 74 ㉜ Preah Enkosei ★ [C3]
- 75 ㉝ Wat Damnak ★★ [B6]

75 Entdeckungen außerhalb des Zentrums
- 75 ㉞ Angkor National Museum ★ [B4]
- 75 ㉟ Wat Thmei ★ [B1]
- 75 ㊱ Phnom Koulen ★
- 75 ㊲ Tonlé-Sap-See ★★★
- 78 *Fischparadies in Gefahr*

79 Siem Reap verstehen

- 80 Das Antlitz Siem Reaps
- 81 Von den Anfängen bis zur Gegenwart
- 82 *Die Roten Khmer*
- 84 Leben in der Stadt
- 85 Tourismus in Angkor: Wann ist das Gute des Guten zu viel?
- 86 *Die Tempelkinder*
- 87 Zur richtigen Zeit am richtigen Ort
- 88 *Neujahr in Angkor*

Tom Vater

CITY|TRIP
ANGKOR

Nicht verpassen!

① Angkor Wat [ch]
Mitte des 12. Jh. gebaut, ist der Tempel aller Tempel eine gigantische Projektion der politisch-religiösen Macht und Kunst der Khmer und das größte Sakralgebäude der Welt (s. S. 27).

② Phnom Bakheng [cg]
Am frühen Abend versammeln sich auf diesem recht gut erhaltenen Tempelberg Tausende von Besuchern, um den Sonnenuntergang über dem West Baray zu bewundern (s. S. 37).

⑤ Bayon [cg]
Der im Herzen von Angkor Thom gelegene Tempel ist ein 800 Jahre alter Traum aus Stein. Die Türme des Bayon sind mit den lächelnden Gesichtern von *Bodhisattwas* bestückt (s. S. 43).

⑭ Ta Prohm [cg]
Der gigantische Dschungeltempel vermittelt einen Eindruck davon, wie die Angkor-Ruinen aussahen, als die Franzosen im späten 19. Jh. begannen, den Urwald zurückzudrängen (s. S. 54).

⑰ Preah Khan [cf]
Etwas abseits der Haupttempel bietet diese weitläufige, vom Dschungel halb verschlungene Ruine unzählige Korridore, kleine Höfe und mit tanzenden Nymphen verzierte Mauern – eine Oase des Friedens (s. S. 58).

㉓ Banteay Srei
Der erst Anfang des 20. Jh. entdeckte „Tempel der Frauen" ist ein unglaublich reich verziertes Monument aus rotem Sandstein. Hier erreichten die Künstler des Angkor-Reiches einen Höhepunkt ihres kreativen Schaffens (s. S. 65).

㉖ Die Roluos-Tempelgruppe [ej]
Der Bakong ist der größte Tempel der Roluos-Gruppe – der steinernen Zeugen einer frühen Hauptstadt (9. Jh.) der Khmer. Auch die Tempel Lolei und Preah Ko lohnen einen Besuch (s. S. 69).

㊱ Tonlé-Sap-See
Der Tonlé Sap ist Kambodschas ausgedehntestes Gewässer und zugleich einer der größten Seen Asiens. Besucher können Vogelschutzgebiete und sogenannte *Floating Villages* – Dörfer, die auf dem Wasser auf Flößen verankert sind – besuchen oder den See per Fähre überqueren (s. S. 75).

Leichte Orientierung mit dem cleveren Nummernsystem
Die Sehenswürdigkeiten sind im Text und im Kartenmaterial mit derselben **magentafarbenen ovalen Nummer** ❶ markiert. Alle anderen Lokalitäten wie Geschäfte, Restaurants usw. tragen ein **Symbol und eine fortlaufende rote Nummer** (🛍1). Die Liste aller Orte befindet sich auf S. 143, die Zeichenerklärung auf S. 144.

Zeichenerklärung

★★★ nicht verpassen
★★ besonders sehenswert
★ wichtig für speziell interessierte Besucher

[A1] Planquadrat im Kartenmaterial. Orte ohne diese Angabe liegen außerhalb unserer Karten. Ihre Lage kann aber wie die von allen Ortsmarken mithilfe der begleitenden Web-App angezeigt werden (s. S. 141).

Updates zum Buch

www.reise-know-how.de/citytrip/angkor19

Abkürzungen

Ave	Avenue
THB	Baht (Währung Thailands)
RI	Riel (kambodschanische Währung)
SFr	Schweizer Franken
St	Street
US$	US-Dollar

Vorwahlen

› **Vorwahl Kambodscha:** 855
› **Vorwahl Siem Reap:** 063 (muss immer mitgewählt werden)
› **Vorwahl Deutschland:** 0049
› **Vorwahl Österreich:** 0043
› **Vorwahl Schweiz:** 0041

Besonderheiten bei Adress- und Telefonangaben

Aufgrund der langen Kriegsjahre und der unstrukturierten Infrastruktur des Landes ist es nicht immer einfach, eine bestimmte Adresse zu finden. Oft sind **Hausnummern** durcheinandergewürfelt oder gar nicht vorhanden. In Siem Reap haben noch immer viele Hotels Anschriften, die nur die Gegend andeuten, in der sich das Hotel befindet.

Ähnlich verhält es sich mit **Telefonnummern**. Viele Kambodschaner hatten schon ein Handy, als es noch kein funktionierendes Festnetz im Land gab und bis heute werden für Geschäfte, Hotels und Restaurants oft noch immer Handynummern verwendet.

89 Praktische Reisetipps

90	An- und Rückreise
92	Ausrüstung und Kleidung
92	Barrierefreies Reisen
93	Diplomatische Vertretungen
93	Ein- und Ausreisebestimmungen
94	Einkaufen
98	Essen und Trinken
99	*Typisch kambodschanische Gerichte*
100	*Die Bausteine der Khmer-Küche: Reis und „Prahoc"*
107	Elektrizität
107	Film und Foto
108	Geldfragen
110	*Ortstypische Tropenkrankheiten*

111	Gesundheitsvorsorge
111	Hygiene
112	Informationsquellen
113	*Meine Literaturtipps*
114	Internet und Internetcafés
115	Medizinische Versorgung
115	Mit Kindern unterwegs
116	Nachtleben
117	*Smoker's Guide*
117	Notfälle
118	*Infos für LGBT+*
119	Öffnungszeiten
119	Post
119	Radfahren
120	Sicherheit
120	Sprache
121	Telefonieren
122	Uhrzeit
122	Unterkunft
127	Verhaltenstipps
128	Verkehrsmittel
129	Versicherungen
129	Wellness und Erholung
131	Wetter und Reisezeit

133 Anhang

134	Glossar
135	Kleine Sprachhilfe Khmer
138	Register
141	*Angkor mit PC, Smartphone & Co.*
142	Der Autor
142	Die Fotografin
142	Impressum
143	Liste der Karteneinträge
144	Zeichenerklärung

Schreiben Sie uns

Dieses Buch ist gespickt mit Adressen, Preisen, Tipps und Daten. Unsere Autoren recherchieren unentwegt und erstellen alle zwei Jahre eine komplette Aktualisierung, aber auf die Mithilfe von Reisenden können sie nicht verzichten. Darum: Teilen Sie uns bitte mit, was sich geändert hat oder was Sie neu entdeckt haben. Gut verwertbare Informationen belohnt der Verlag mit einem Sprachführer Ihrer Wahl aus der Reihe „Kauderwelsch".

Kommentare übermitteln Sie am einfachsten, indem Sie die Web-App zum Buch aufrufen (siehe Umschlag hinten) und die Kommentarfunktion bei den einzelnen auf der Karte angezeigten Örtlichkeiten oder den Link zu generellen Kommentaren nutzen. Wenn sich Ihre Informationen auf eine konkrete Stelle im Buch beziehen, würde die Seitenangabe uns die Arbeit sehr erleichtern. Unsere Kontaktdaten entnehmen Sie bitte dem Impressum.

MYTHOS ANGKOR

Angkor, der Traum aus Stein. Die Geschichte der weitläufigen Tempelruinen im Nordwesten Kambodschas ist so dramatisch wie die Tempellandschaft selbst, die heute Millionen Besucher anzieht.

Vom 10. bis 15. Jh. war Angkor das mächtigste Reich Südostasiens. Nachdem dessen letzte große Hauptstadt, Angkor Thom, im Jahr 1431 von den Siamesen zerstört worden war, **verfiel die Macht der Khmer**, der Erbauer Angkors und Bewohner des heutigen Kambodschas. Tausende Steinbauten wurden vom Dschungel verschlungen und fast völlig vergessen.

Seitdem die Tempel in der zweiten Hälfte des 19. Jh. von europäischen Abenteurern „wiederentdeckt" und von den französischen Kolonialherren als Kulturerbe und Ausdruck der eigenen Staatsmacht beansprucht wurden, ist Angkor eine Touristenattraktion. Zwar führten die Revolution der Roten Khmer und der lange Bürgerkrieg von 1972 bis in die späten 1990er-Jahre dazu, dass die Tempel erneut unerreichbar waren, doch ist Angkor inzwischen einer der meistbesuchten Ruinenkomplexe der Welt und kann sich ohne Weiteres mit den Pyramiden in Ägypten und Machu Picchu in Peru messen. Vor 100 Jahren beförderten Elefanten die ersten Touristen zu den Tempeln, heute sind es Busse, Autos, Motorräder, Tuk-Tuks, Fahrräder – oder immer noch Elefanten. Die Faszination der mysteriösen und gigantischen Ruinen des Angkor-Reiches scheint nicht nachzulassen.

Die Geschichte des Angkor-Reiches

Prähistorische Ursprünge

Die frühesten Spuren des Menschen innerhalb der heutigen kambodschanischen Grenzen sind 6000 Jahre alt. Es ist wahrscheinlich, dass die damaligen Bewohner Südostasiens zu dieser Zeit schon Reis anbauten, Vieh hielten und dass bei ihnen ein animistisches Weltbild vorherrschte. Man nimmt an, dass die Bewohner Kambodschas bereits ca. 1000 Jahren v. Chr. eine Sprache benutzten, die dem heutigen Khmer verwandt ist. Wo diese Menschen herkamen – ob aus Indien, China oder von den Inseln Südostasiens – wird weiterhin diskutiert. Sprachen der Mon-Khmer-Familie sind über weite Teile Südostasiens bis nach Indien verbreitet. Ungefähr 1000 Jahre vor Christus lebten die Kambodschaner in kleinen, oft festungsartigen Dörfern.

Ab dem 1. Jh. nach Christus **erhielt Indien zunehmend Einfluss** auf das Religionsbild. Handel brachte neues kulturelles, politisches und religiöses Gedankengut, das die einheimischen Traditionen erweiterte. Niemand ist sich sicher, wie lange dieser Prozess andauerte, aber wie der Historiker David Chandler bemerkt, trugen die Bauern im 19. Jh. noch immer von Indien beeinflusste Kleidung, aßen mit Händen oder einem Löffel, trugen Lasten auf dem Kopf und zogen den Turban einem Strohhut vor. Auch das Konzept der Viehzucht stammt möglicherweise aus Indien. Die Inder ex-

▷ *„Angels" am Südtor von Angkor Thom* ❹

◁ *Vorseite: Basrelief am Tempel Banteay Kdei* ⓯

portierten ihre Baukunst, soziale und religiöse Hierarchien, Astronomie und gleich zwei Religionen nach Kambodscha – den Hinduismus und den Buddhismus. Ohne diesen Einfluss wäre Angkor Wat wahrscheinlich nie gebaut worden.

Funan

Während indische Seefahrer über den Golf von Bengalen nach Malaysia segelten, ihre Handelsgüter über Land an den Golf von Thailand trugen und dann weiter entlang der Küste Kambodschas nach Südchina fuhren, reisten chinesische Schiffe in die entgegengesetzte Richtung. Aufgrund des blühenden Handels entstanden größere Ansiedlungen entlang der südostasiatischen Küste. Man fand indischen Schmuck und römische Münzen bei **Ausgrabungen an einem Ort im Mekongdelta**, der im 3. Jh. von Händlern aus der ganzen Welt genutzt wurde. Die Menschen, die hier lebten, waren Khmer und sollen eine Sprache der Mon-Khmer-Familie gesprochen haben. In chinesischen Texten der Zeit wird wiederholt dieses Reich namens Funan erwähnt, das den Chinesen von 253 bis 519 n. Chr. Tribut zahlte. Es wird angenommen, dass Funan **eine der ersten staatsähnlichen Gesellschaften** innerhalb der Grenzen des heutigen Kambodschas war.

Chenla

Nach einer Reihe von Kriegen verschob sich das regionale Machtzentrum im 6. Jh. von Funan nach Chenla, vom Mekongdelta also an den Mekong im heutigen südlichen Laos. Im 8. Jh. **teilte sich das Chenla-Reich.** Das Obere Chenla reichte vom Mekong in Südlaos bis zum nördlichen Ufer des Tonlé-Sap-Sees, während das südliche Chenla die neue Hauptstadt Isanapura gründete. Die Überreste dieser Stadt, Sambor Prei Kuk, können heute in der Nähe von Kompong Thom, zwei Stunden östlich von Siem Reap, besichtigt werden.

Da alle Texte, die sich mit Chenla und Funan beschäftigen, aus chinesischen Quellen stammen und Ausgrabungen keine definitiven Beweise geliefert haben, das Funan oder Chenla wirklich überregionale Staaten waren, wird heute angenommen, dass es sich in beiden Fällen um **eher kleine politische Gemeinwesen** der Khmer handelte, die mit anderen inzwischen vergessenen kleinen Machtzentren rivalisierten. Ein wirklicher Staat der Khmer entstand erst Anfang des 9. Jh.

Angkor

Zwischen 802 und 1431 n. Chr. erblühte das Angkor-Reich in Kambodscha und dominierte zeitweise große Teile Südostasiens. Auch vor und nach dieser Zeit lebten die Khmer in dem Gebiet um Angkor, aber die Macht und Kreativität des bislang größten Reiches der Region konzentrierten sich auf diese sechshundert Jahre. Diese Macht war aber keineswegs konstant. Während einige wenige der insgesamt 39 Könige die Zeit auf dem Thron damit verbrachten, Nachbarstaaten anzugreifen und Tempel zu bauen, unternahmen andere gar nichts und lebten vom Erfolg der Vorgänger.

Die Geschichte des Angkor-Reiches, von den Kambodschanern selbst so gut wie vergessen, wurde durch die **Inschriften**, die man auf Tempelsteinen fand, überliefert und wird seit 150 Jahren nach und nach entschlüsselt. Neue Erkenntnisse, die von der Universität Sydney seit 2016 veröffentlicht werden, weisen darauf hin, dass bisher noch nicht das gesamte Ausmaß des Angkorreiches überschaut wurde. Sanskrit-Dichtungen beschreiben die großen Könige, während uns Khmer-Texte administrative Fakten vermitteln. Dazu kommen die Tempel selbst, deren Reliefs und Baustile Informationen über das Leben der Khmer vom König bis zum Sklaven vermitteln. Eine eigentliche Beschreibung des Lebens im Angkor-Reich gibt es einzig im **Bericht des chinesischen Diplomaten Chou Ta-Kuan**, der Angkor erst im späten 13. Jahrhundert besuchte. (Siehe dazu den Exkurs „Ein chinesischer Diplomat am Königshof von Angkor" auf S. 14.)

So ist auch die Geschichte des ersten wichtigen Königs von Angkor, **Jayavarman II.**, nicht ganz einfach aus den vorhandenen Quellen zusammenzusetzen. Es gibt keine zeitgenössischen Überlieferungen, die über seine Regierungszeit informieren. Eine Inschrift aus dem 11. Jahr-

„Kambuja" – das Land der Khmer

Für die Khmer heißt ihr Land heute **Kampuchea.** *Dieser Name wird von „Kambuja" abgeleitet, was so viel bedeutet wie „alle, die von Kambu abstammen", dem mythischen Gründer des Landes. Eine Legende erzählt, dass das Volk der Khmer durch das Treffen einer Prinzessin und eines Ausländers, eines Brahmanen aus Indien, entstanden sein soll. Der Name „Kambuja" ist in Südostasien seit etwa dem 10. Jh. geläufig. In Hindu-Epen wie der* **Mahabharata** *wird beispielsweise ein Land dieses Namens erwähnt. Der Name mag also mit dem wachsenden Einfluss indischer Reisender ab dem 1. Jh. n. Chr. in Kambodscha eingeführt worden sein. Das Angkor-Reich, das aus Funan und Chenla entstand, wird von den Khmer selbst „Kambuja" genannt.*

Die Geschichte des Angkor-Reiches

hundert zeigt allerdings, dass Jayavarman II. im späten 8. Jahrhundert von einem Aufenthalt in Indonesien zurückkehrte und eine Reihe von Hauptstädten gründete und wieder aufgab, darunter Hariharalaya im heutigen Roluos. 802 gründete Jayavarman II. eine weitere Stadt, Mahendraparvata, diesmal am Phnom Koulen ㊱, und erklärte sich zum Gottkönig der Khmer. Dieser Moment gilt als **Gründungszeitpunkt des Angkor-Reiches**, auch „Kambuja" genannt. Kurz darauf verlegte der erste Gottkönig Angkors die Hauptstadt nach Roluos zurück und regierte dort bis zu seinem Tode im Jahr 850.

Der nächste wichtige König des Angkor-Reiches, **Indravarman I.** („Der von Indra Geschützte"), der von 877 bis 889 regierte, brachte die Hauptstadt Hariharalaya zum Erblühen. Während seiner Herrschaft wurden der **Bakong**, der erste Tempelberg der Khmer, und **Preah Ko**, ein Tempel zur Verehrung der Vorfahren des Königs, errichtet. Auch das *Baray* Indratataka, das erste, **300 ha große Wasserreservoir**, das die Landwirtschaft der Khmer revolutionieren sollte, wurde zur Regierungszeit Indravarmans I. ausgehoben. Durch den Bau solcher riesiger „Wasserbehälter" zur Aufnahme der alljährlichen Regenmassen, gelang es den Khmer, bis zu dreimal im Jahr Reis zu ernten, was zu einem enormen wirtschaftlichen Reichtum führte. (Siehe dazu den Exkurs „Die Wassermacht Angkors", S. 68.) Mit diesen Bauwerken, heute allesamt zur Roluos-Tempelgruppe zählend, wurden Traditionen und ein Wirtschaftsmodell begründet, die von den nachfolgenden Generationen stetig weitergeführt werden sollten. Die **Tempel von Roluos** ㉖ sind von mehreren Mauern umgeben, die als Symbole für die Bergrücken um den mythologischen Gipfel Meru dienen. Dreizehn der Könige Angkors sollen Tempelberge geschaffen haben.

Der Sohn Indravarmans I., **Yasorvarman I.**, regierte von 889 bis ca. 915.

◸ In Preah Ko ㉖ wurden die Vorfahren des Angkor-Königs Indravarman I. verehrt

Die Geschichte des Angkor-Reiches

Nachdem er zunächst den Tempel Lolei auf einer Insel im *Baray* Indratataka gebaut hatte, entschied sich dieser Gottkönig, eine **neue Hauptstadt** zu gründen – Yasodharapura. Seinen Tempelberg **Bakheng** ❷, damals Phnom Kandal benannt, errichtete er auf einem natürlichen Hügel. Yasodharataka, **das gigantische östliche Baray**, entstand ebenfalls während seiner Herrschaft. Um das *Baray* wurden Klöster für die Anhänger Shivas, Vishnus und Buddhas errichtet. Auch in anderen, weit entfernten Teilen seines Reiches ließ Yasorvarman I. auf Berggipfeln und Hügeln Tempel errichten, darunter auch Preah Vihear an der heutigen Grenze zu Thailand. Drei Generationen später riss der Thronräuber **Jayavarman IV.** die Macht an sich, gab die neue Hauptstadt auf und baute **Koh Ker**, 85 km nordöstlich von Angkor, von wo er von 928 bis 941 regierte. Nach dem Tode Jayavarmans IV. kam sein Sohn Harshavarman I. entgegen den Wünschen seines Vaters für drei kurze Jahre auf den Thron, bevor er wahrscheinlich umgebracht wurde. Danach war Koh Ker nie wieder bewohnt.

Rajendravarman II., der Neffe Jayavarmans IV., zog nach Yasodharapura zurück, allerdings nicht in die Region um den Tempelberg Bakheng, sondern in die Gegend südlich des östlichen *Barays*. Inmitten des *Barays* ließ er den **östlichen Mebon** ⓴ errichten und ganz in der Nähe **Pre Rup** ㉑, beides Tempelberge. Während der Herrschaft Rajendravarmans II. griffen die Streitkräfte der Khmer den Nachbarstaat Champa erfolgreich an. Sein Sohn, **Jayavarman V.**, regierte vom Kindesalter an zwischen 968 und 1001. Einer der Ratgeber des Königs ließ den wunderschönen Sandsteintempel **Banteay Srei** ㉓ errichten. Auch **Ta Keo** ⓭, eine hohe unverzierte Tempelpyramide aus Sandstein, wurde während der Regierungszeit des jungen Königs begonnen, aber nie fertiggestellt.

Von 1002 bis 1050 regierte **Suryavarman I.** und gab dem Reich der Khmer seine größte Ausdehnung, indem er eine Reihe von Kriegen gegen kleine Nachbarstaaten führte. Er eroberte das Königreich der Mon im heutigen Zentralthailand und annektierte einen buddhistischen Staat im heutigen Lopburi, heute ebenfalls in Thailand gelegen. In Angkor reformierte er den Staatsapparat, indem er einen **Treueschwur** einführte, den Tausende seiner Höflinge ablegen mussten. Falls die Untertanen des Gottkönigs sich versteckten, um die Konsequenzen des Schwurs zu ver-

◁ *Eine Devata (stehende weibliche Gottheit) in Banteay Srei* ㉓

Die Geschichte des Angkor-Reiches

meiden, so drohte ihnen – eben diesem Eid zufolge – die 32. Hölle. Die Oberschicht der Khmer bekam mit Ableistung des Schwurs das Recht zugesprochen, Gelder von der Bevölkerung, zum Beispiel für religiöse Institutionen, einzutreiben. Man nimmt außerdem an, dass der **Handel** während der Herrschaft Suryavarmans I. blühte wie nie zuvor und dass immer mehr seiner Untertanen in städtischen Gemeinwesen zu leben begannen. All dies war vor allem aufgrund der mehrmals jährlich durchgeführten Reisernten möglich. Zudem steht inzwischen fest, dass um den wenig besuchten, im 11. Jh. gegründeten Tempel Preah Khan in der Provinz Kompong Sway, 100 Kilometer östlich von Angkor, ebenfalls viele Menschen lebten.

Utyadityavarman II. (1050 bis 1068) folgte Suryavarman I. auf den Thron. Dieser Monarch, ein Anhänger Shivas, betonte erneut den Kult des Gottkönigs (Sanskrit: *deva-raja*) und baute den gigantischen **Baphuon** ❻ und den **westlichen Mebon** ㉕. Eine Reihe schwächerer Könige folgte. **Jayavarman VI.** erbaute zwischen 1080 und 1107 den Phimai-Tempelkomplex im heutigen Thailand.

Erst unter **Suryavarman II.**, der 1113 den Thron bestieg und bis 1150 regierte, erblühte Angkor erneut. Suryavarman II., ein Anhänger Vishnus, kam jung an die Macht und wurde zu einem der mächtigsten Könige Angkors. Während seiner Herrschaft wurde **Angkor Wat** ❶ erbaut, auf dessen Flachreliefs der Regent in Militärparaden zu sehen ist. Suryavarman II. war auch der erste König Angkors, der diplomatischen Kontakt mit China aufnahm. Zudem führte er wiederholt Krieg gegen seine östlichen Nachbarn, die Cham, und plünderte 1145 deren Hauptstadt. Der Bau von Angkor Wat wurde zu Anfang der Regierungszeit Suryavarmans II. begonnen, aber erst kurz nach seinem Tod vollendet. Auch **Thommanon** ⓬, **Chau Say Tevoda** ⓫, **Banteay Samre** ㉒, Prasat Phnom Rung im heutigen Thailand und Beng Melea, 60 km nordöstlich von Siem Reap, wurden in der Regierungszeit Suryavarmans II. errichtet. Doch die Blüte Angkors war kurz und nach der langen erfolgreichen Regierungszeit des Erbauers von Angkor Wat herrschte wiederum politisches Chaos im Land.

Im Jahr 1177 griffen die Cham Yasodharapura an, nahmen die Königsstadt ein und brannten sie nieder. Das Ende des Reiches der Khmer schien gekommen. Nur vier Jahre später eroberte ein Prinz mit einer Armee Angkor zurück und ließ sich als **Jayavarman VII.** (1181 bis ca. 1220) zum letzten großen Gottkönig krönen. Während der nächsten 40 Jahre führte der buddhistische Jayavarman VII. eine Reihe von Kriegen, annektierte Champa (was in den Reliefs des **Bayon** ❺ dargestellt ist), baute die neue Hauptstadt **Angkor Thom** ❹ und weitete sein Herrschaftsgebiet im Osten bis zur Küste des heutigen Vietnams, im Westen bis an die Grenze zu Bagan im heutigen Burma, im Norden bis nach Vientiane im heutigen Laos und im Süden bis auf die malaysische Halbinsel aus. Zudem begann er, zahllose neue Tempel zu bauen wie **Ta Prohm** ⓮, **Preah Khan** ⓱ und **Banteay Kdei** ⓯ und er erklärte den Mahayana-Buddhismus zur Staatsreligion. Der Historiker David Chandler schreibt, dass Jayavarman VII. sein Reich durch seine Persönlichkeit und Ideen so sehr geprägt hat, wie kein anderer Herrscher vor Norodom Sihanouk in den 1960er- und Pol Pot in den 1970er-Jahren.

Die Geschichte des Angkor-Reiches

Ein chinesischer Diplomat am Königshof von Angkor

Die einzige bis heute überlieferte zeitgenössische Beschreibung des Angkor-Reiches stammt von dem chinesischen Diplomaten **Chou Ta-Kuan**, *der 1296 von Wenzhou in China nach Kambuja gereist war, ein Jahr am königlichen Hof von Angkor Thom verbrachte und eine lebendige* **lesenswerte Schilderung des Lebens dort** *verfasste.*

*Der Diplomat schreibt in seinem Bericht „*Sitten in Kambodscha*" nicht nur über die Aristokratie in der Königsstadt Angkor Thom, sondern erzählt auch vom Alltag und dem Handel, von der Küche und der Landwirtschaft, von der Kleidung und der Wirtschaft des Angkor-Reiches. Zwar hatte der Diplomat die große Blütezeit Angkors um beinah 100 Jahre verpasst, aber der offensichtlich fast 80 Jahre nach dem Tod des mächtigen und letzten Gottkönigs Jayavarman VII. immer noch vorhandene Reichtum der Hauptstadt Angkor Thom zeugte von der Macht und Langlebigkeit des Angkor-Reiches.*

Auch für heutige Besucher, die sich einen Eindruck davon verschaffen möchten, wie die damalige Gesellschaft funktionierte, ist der Text eine exzellente Informationsquelle.

Der Niedergang des Angkor-Reiches

Nach der Herrschaft Jayavarmans VII. wurden in Angkor keine großen Bauvorhaben mehr begonnen, aber viele der schon bestehenden Tempel wurden immer wieder verändert. Das mächtige Angkor-Reich war noch nicht ausgeblutet. **Jayavarman VIII.** regierte von 1243 bis 1295 und erhob den Hinduismus wieder zur Staatsreligion. Er verunstaltete viele der vom letzten Gottkönig Angkors gegründeten und erbauten Tempel, die **Spuren dieses religiösen Vandalismus** lassen sich vor allem im Tempelkomplex Preah Khan erkennen, in dem viele Buddhafiguren zu Brahma-Figuren umgestaltet wurden. Sein Nachfolger, **Srindravarman** (1295–1307), änderte erneut die herrschende Religion: Nun löste der **Theravada-Buddhismus** den Hinduismus ab. Bis heute ist Kambodscha bei dieser Glaubensrichtung geblieben. Es gibt keine gesicherten Quellen darüber, was genau in den folgenden Generationen passierte.

Im benachbarten heutigen Thailand entwickelten sich **Sukhothai** und später **Ayutthaya** zu neuen regionalen Großmächten. Hier hatte sich der Theravada-Buddhismus schon früher ausgebreitet. Fest steht, dass die Siamesen Ende des 13. Jh. und dann nochmals 1431 Angkor angriffen und sieben Monate lang belagerten. Gleichzeitig fand weiterhin **Handel mit China** statt, zumindest bis 1419, dem Datum der jüngsten existierenden Aufzeichnungen.

Warum genau Angkor aufgegeben wurde, bleibt ungewiss: Hatten die vielen Kriege die Wirtschaftskraft zerstört? Waren die Bewässerungskanäle und Reservoirs aufgrund mangelnder Wartung und ausbleibender Investitionen unbrauchbar geworden? War die Umgebung von Angkor einfach völlig ausgeplündert worden? Rebellierte die Bevölkerung gegen die seit Generationen übliche Versklavung oder eignete sich eine neue

Hauptstadt am Mekong besser für den sich entwickelnden südostasiatischen Handel? Die wahrscheinlichste Erklärung ist wohl eine Kombination all dieser Faktoren. Um 1440 wurde Angkor aufgegeben und neue Hauptstädte entstanden am Mekong im Osten des Landes, darunter Phnom Penh.

Allerdings lebten **weiterhin Mönche in Angkor Wat** und der königliche Hof kehrte im späten 16. und 17. Jh. noch einmal für kurze Zeit nach Angkor zurück.

Die „Wiederentdeckung" des Angkor-Reiches

Im 16. Jh. lebten Händler aus Portugal, Spanien, Arabien, China und Japan in der neuen Hauptstadt Kambodschas, Phnom Penh. 100 Jahre später gesellten sich Holländer und Briten dazu sowie Missionare aus Portugal und Spanien. Einige dieser Besucher erwähnten sagenhafte, vom Dschungel überwucherte Ruinen. Der Japaner **Kenryo Shimano** reiste um 1632 nach Angkor und zeichnete den **ältesten bekannten Grundriss von Angkor Wat**. In Europa hinterließen sporadische Berichte über die Tempel allerdings bis Mitte des 19. Jh. keinen großen Eindruck. **Henri Mouhot**, ein französischer Philologe und Naturforscher, reiste 1858 im Auftrag der Royal Geographical Society nach Südostasien und verbrachte 1860 drei Wochen in Angkor. Mouhot fertigte **detaillierte Skizzen und Pläne** von Angkor Wat an. Er starb kurz darauf in Luang Prabang in Laos. Die Aufzeichnungen Mouhots wurden 1863 veröffentlicht und plötzlich schien die ganze Welt Angkor besuchen zu wollen.

Drei Jahre später erforschten die Franzosen Dougart De Lagrée und Francis Garnier als Teil der **Mekong Exploration Commission** Angkor und „entdeckten" zahlreiche weitere Tempel um Siem Reap. Der Bericht der Expedition wurde 1873 veröffentlicht und bewies den Franzosen, dass es in Indochina mehr zu holen gab als Handelsgüter. Schon während der Pariser Weltausstellung im Jahr 1867 hatten Tausende Besucher die Gelegenheit, Abgüsse von Teilen der Tempel zu bewundern. Ein Teilnehmer der Mekong Exploration Commission, der Kartograf **Louis Delaporte**, kehrte kurz darauf mit einer großen Expedition nach Angkor zurück und verfrachtete etwa siebzig Statuen und Bauteile der Tempel aus dem Dschungel nach Paris. So konnten die Besucher der Weltausstellung von 1878 erstmals Originale bestaunen.

Die Teilnehmer dieser frühen Expeditionen versuchten, eine **Chronologie des Angkor-Reiches** aufgrund der Funde im Urwald zu erstellen, aber vieles, wie z. B. die Entstehung des Bayon, wurde erst in den 1930er-Jahren korrekt datiert.

▷ *Angkor – UNESCO-Weltkulturerbe seit 1992*

Der Wiederaufbau der Ruinen von Angkor

Sowohl die Provinz Siem Reap als auch die Ruinen von Angkor gehörten von 1794 bis 1907 zu Siam. Nachdem Frankreich Kambodscha 1863 annektiert hatte, dauerte es also noch fast 50 Jahre, bis Thailand die Provinz an Kambodscha (und damit an die Franzosen) zurückgab. Die **École Française d'Extrême-Orient**, der wissenschaftliche Arm der kolonialen Ambitionen Frankreichs, wurde 1899 gegründet und kümmerte sich unter der Leitung von Jean Commaille um die Erhaltung und den Wiederaufbau der Tempel von Angkor. Tausende Arbeiter begannen nun in Angkor Thom und um Angkor Wat mit Ausgrabungen. Jean Commaille wurde 1916 von Banditen umgebracht, sein Nachfolger **Henri Marchal** modernisierte mit Anastylosis, einer Restaurierungsmethode, die er in den 1930er-Jahren von den Holländern auf Java erlernt hatte, die Arbeit der EFEO. 1925 wurde Angkor offiziell zu einem archäologischen Park erklärt, durch den Touristen auf dem **Petit Circuit** oder **Grand Circuit** fahren konnten. Die Restaurierungen der Franzosen gingen bis 1972 fast ununterbrochen weiter (während des Zweiten Weltkriegs fiel die Provinz erneut kurz an die Siamesen).

Mit der **Machtübernahme der Roten Khmer** kamen alle Restaurierungsbemühungen zum Stillstand. Fast alle Ausländer mussten Kambodscha verlassen oder wurden umgebracht. Die Bevölkerung Siem Reaps wurde aufs Land vertrieben und zum Reisanbau gezwungen. Während mehr als eine Million Menschen in den Jahren dieser grausamen Revolution ermordet wurde, verfielen die Tempel aufs Neue. Erst als die UNTAC (United Nations Transitional Authority in Cambodia) 1992 begann, Wahlen zu organisieren, um den schon über 20 Jahre währenden Bürgerkrieg zu beenden, kehrten Wissenschaftler zu den Tempeln zurück.

Nachdem Angkor 1993 in das **UNESCO-Weltkulturerbe** aufgenommen worden war, begannen die Restaurationsarbeiten erneut und heute arbeiten neben der EFEO Wissenschaftler und Archäologen aus aller Welt (unter anderem auch deutsche Fachleute) an diversen Projekten im Angkor Archaeological Park.

KURZ & KNAPP

Die Plünderung des Kulturerbes der Khmer

Insgesamt sind bisher mehr als 1000 Tempelruinen aus der Angkor-Zeit gefunden worden. Bedauerlicherweise haben seit dem Kriegsende im Jahr 1997 die Plünderungen der Tempel zugenommen. Oftmals stecken die kambodschanischen Behörden selbst dahinter. Während im Angkor Archaeological Park der **Diebstahl von Skulpturen** heute kaum mehr möglich ist, sind weiter entfernt liegende Tempelkomplexe wie Koh Ker und Banteay Chhmar weiterhin von Plünderungen bedroht. Gestohlene Objekte verschwinden in privaten Sammlungen in Europa, Japan und den USA – und werden nie wieder gesehen.

▷ *Der Tempelberg des östlichen Mebon* **20**

Architektur

Architektur

Das tropische Klima hat fast alle Zeugnisse von Behausungen der Khmer zerstört. Uns sind nur die Steinbauten von Angkor geblieben. Hier und da wurden Ziegel gefunden, woraus man schließen kann, dass ein Teil der Bevölkerung in recht komfortablen Häusern gelebt hat. Aber selbst die Könige Angkors residierten in Holzbauten. **Stein war das Baumaterial für die Götter.**

Der **Einfluss Indiens auf die Architektur Angkors** ist unverkennbar, schließlich liegt der Kern des Baustils in der hinduistischen Mythologie begründet. Der Tempelbau entwickelte sich über Jahrhunderte hinweg unabhängig vom indischen Subkontinent und zeigt dennoch viele importierte Elemente. Der klassische **Tempelberg** ist von einem Wassergraben umgeben, der den kosmischen Ozean symbolisiert. Die um den Tempel gezogenen Mauern stellen Bergketten dar, die sich schützend um den heiligen Gipfel Meru legen, symbolisiert durch das zentrale Heiligtum, einen *Prasat* (Turm). Dieser Turm seinerseits ist von vier kleineren Türmen umgeben und steht erhöht auf mehreren Plattformen. Hier wird die Gottheit verehrt, welcher der Tempel geweiht ist. Wenn man sich Tempelberge anschaut, deren *Prasats* verfallen sind, dann erscheinen diese wie Pyramiden mit überdimensionalen Stufen. Das Herzstück der Tempel ist klein und die Gebäude sind nicht dazu angelegt, Tausende Pilger aufzunehmen. Um das **Heiligtum** befinden sich oft sogenannte Bibliotheken und andere kleine Gebäude. Welchem Zweck diese genau dienten, ist ungewiss. Das beste Beispiel für einen Tempelberg ist **Angkor Wat** ❶.

Architektur

KURZ & KNAPP

Weitere Stadtkomplexe um Angkor entdeckt

Im Juni 2016 gab der Archäologe und wissenschaftliche Mitarbeiter der École Française d'Extrême-Orient (EFEO) Dr. Damian Evans bekannt, dass sein Team an der University of Sydney mit neuer Lasertechnologie gigantische, derzeit unter der Oberfläche liegende Stadtstrukturen um Phnom Kulen, Banteay Chhmar und Sambor Prei Kok, die zwischen dem 7. und 12. Jh. ihre Blütezeit erlebten, entdeckt habe. Aufgrund dieser neuen Funde gehen Experten davon aus, dass das Angkorreich im 12. Jh. eine weit höhere Bevölkerungsdichte hatte als zuvor angenommen und möglicherweise das mächtigste Königreich der Welt war.

Im Gegensatz zu den Tempelbergen wurden auch sogenannte **Flachtempel** gebaut, die als Klöster und Schulen dienten. Sie sind ebenfalls von mehreren Mauern umgeben, aber das Heiligtum steht nicht auf einer Pyramide, sondern inmitten eines rechteckigen Areals voller Korridore, Höfe und Zellen. Ta Prohm ⓮ und Preah Khan ⓱ sind die besten Beispiele für Flachtempel in Angkor.

Baustil und **Baumaterialien** änderten sich über die Jahrhunderte. In der Vor-Angkor-Zeit wurden Tempel (z. B. in Sambor Prei Kuk) aus Lehmziegeln errichtet. Laterit, der rote Lehm, dessen Staub in jede Hautpore dringt, wurde genutzt, um Mauern und Fundamente zu erstellen. Die schönsten Reliefs Angkors sind in den Sandstein gemeißelt, den Tausende Arbeiter per Schiff von Phnom Koulen in großen Blöcken heranschafften.

Fast alle Tempel in Angkor sind **nach Osten ausgerichtet.** Die bemerkenswerte Ausnahme ist der nach Westen orientierte Komplex von Angkor Wat. Tempel, die von einem Wassergraben umgeben sind, werden über eine aufgeschüttete Chaussee erreicht, die oft von Balustraden in Gestalt von *Naga* – Schlangen aus der Hindumythologie – gesäumt ist. Meist durchschreitet man nach der Chaussee erst eine *Gopura*, ein Tor in der äußeren Mauer, um den Tempel zu betreten. Manche der *Gopuras* sind mit den **Gesichtern von Bodhisattwas** gekrönt.

Nicht nur die Größe der Tempel von Angkor ist beeindruckend. Auch die kleinsten **filigranen Details in den unzähligen Reliefs** und Skulpturen der Khmer zeugen von der ungeheuren Vorstellungskraft dieses Volkes. Frühe Reliefs wurden direkt aus den Ziegeln herausgeschnitten. Ab dem späten 10. Jh. wurden fast alle Tempel weitgehend aus Sandstein gebaut. Der weiche Sandstein ermöglichte es den Khmer, die großen Kunstprojekte Angkors anzugehen – die Flachreliefs der Galerien in Angkor Wat und die gigantischen Gesichter des Bayon. Lehmziegel und Laterit wurden auch in späteren Tempeln als Baumaterial genutzt. Nicht nur in Angkor Wat ❶ und dem Bayon ❺ sind die Tempelwände mit einer Vielzahl von Skulpturen und Reliefs verziert – fast alle Tempel jener Zeit sind üppig ausgestattet, aber leider auch von Plünderern beschädigt und ausgeraubt worden.

Die einzigen anderen heute noch bestehenden Steinbauten der Erbauer von Angkor sind die *Barays*, die gigantischen **Wasserreservoirs**, die einst die Reisfelder um Angkor speisten.

ANGKOR ENTDECKEN

Kurztrip nach Angkor

Touristen kommen nach **Siem Reap**, um Tempel zu besichtigen. Die Stadt selbst wird wohl immer kaum mehr als der Schlafplatz für die Besucher Angkors sein. So dreht sich ein Kurztrip nach Siem Reap meist um die Tempelruinen. Daneben bieten sich aber auch noch andere **Attraktionen** an wie ein Minenmuseum (s. S. 66), der Phare-Ponleu-Selpak-Zirkus (s. S. 87) oder das Angkor National Museum ㉞, doch haben die meisten Besucher nach den Tempelbesichtigungen keine Kraft mehr, um noch mehr Informationen aufzunehmen.

Der **Stadtkern** erwacht am späten Nachmittag zum Leben und bietet eine breite Auswahl an Restaurants, Bars, Märkten und Geschäften – für unterhaltsame Abendstunden. Die Pub Street [B6] verwandelt sich abends in eine Open-Air-Disco, aber das verruchte Nachtleben von Phnom Penh hat Siem Reap nicht erreicht.

Wer drei Tage Zeit hat, wird sich alle Haupttempel im Angkor Archaeological Park ansehen können. Routen gibt es viele. Meist folgen Besucher dem **großen oder kleinen Rundgang**, wie sie von den Franzosen kreiert wurden. Geschichtsinteressierte können die Tempel auch in chronologischer Reihenfolge besuchen, angefangen in Roluos und abgeschlossen mit dem Bayon, obwohl dies sehr viel mehr Fahrerei bedeutet. Der folgende Vorschlag beschränkt sich auf die Tempel im Angkor Archaeological Park.

◁ *Vorseite: Angkor Wat* ❶ *im Morgengrauen*

▷ *Ein Besucher in der südwestlichen Galerie im Angkor Wat* ❶

1. Tag: Petit Circuit – Kleiner Rundgang

Der erste Anlaufpunkt ist das gigantische Südtor der **Königsstadt Angkor Thom** ❹, gefolgt von einer Tour durch das Areal innerhalb der Stadtmauer, inklusive dem rätselhaften **Bayon-Tempel** ❺, der **Elefantenterrasse** ❽, der **Terrasse des Leprakönigs** ❾ und dem Tempelberg **Baphuon** ❻. Das Mittagessen kann man an einer der Garküchen neben dem Bayon einnehmen oder in dem gehobeneren Lokal bei Angkor Wat.

Am Nachmittag geht es durch das Siegestor zu den kleineren Tempeln **Chau Say Tevoda** ⓫ und **Thommanon** ⓬. Wenn es nicht zu heiß ist, könnte man danach die **Ta-Keo-Tempelpyramide** ⓭ erklimmen, bevor man den sagenhaften Dschungeltempel **Ta Prohm** ⓮ erforscht. Man sollte aber genug Zeit für die anschließende Besichtigung des gigantischen und eindrucksvollen Tempels aller Tempel, **Angkor-Wat** ❶, einplanen.

Zum Sonnenuntergang ist ein Besuch des **Bakheng Tempelbergs** ❷ angesagt, wo sich allabendlich Hunderte versammeln, um die Sonne in den **Tonlé-Sap-See** ㊲ sinken zu sehen. Ein Spaziergang durch die **Altstadt Siem Reaps** ㉗ rundet den Tag für die meisten Besucher perfekt ab.

Routenverlauf im Faltplan
Die hier empfohlenen Rundgänge sind mit farbigen Linien im Faltplan eingezeichnet. Ausführliche Beschreibungen der Sehenswürdigkeiten des Kleinen Rundgangs finden sich ab S. 27, die des Großen Rundgangs ab S. 58.

2. Tag: Grand Circuit – Großer Rundgang

Am zweiten Tag ist ein früher Start ein Muss. Nach einem eindrucksvollen Sonnenaufgang vor Angkor Wat folgt die Besichtigung der Tempel auf dem Grand Circuit – **Baksei Chamkrong** ❸, der Dschungeltempel **Preah Khan** ⓱, **Neak Pean** ⓲, der kleine, aber grandiose **Ta Som** ⓳ und **Pre Rup** ㉑.

Zum Lunch geht es zurück nach Siem Reap in eines der vielen Restaurants um den **Old Market** (s. S. 73). Am Nachmittag steht die südwestlich von Siem Reap gelegene **Roluos-Tempelgruppe** ㉖ auf dem Programm. Wer am Abend noch Energie hat, könnte den bis Mitternacht geöffneten **Angkor Night Market** (s. S. 95) in Siem Reap besuchen, wo es neben Souvenirs auch eine Bar und ein Restaurant gibt. Eine lohnenswerte Alternative ist der kinderfreundliche, aber auch für Erwachsene faszinierende Phare-Ponleu-Selpak-Zirkus (s. S. 87).

3. Tag: die Zitadelle der Frauen

Der dritte Tag beginnt ebenfalls früh mit der 40-minütigen Fahrt durch die wunderschöne Landschaft zur **Zitadelle der Frauen, Banteay Srei** ㉓, einem kleinen, aus rotem Sandstein gebauten Tempel mit filigranen Reliefs und Skulpturen. Ab 8 Uhr drängen sich hier die Reisegruppen. Während oder kurz nach der Regenzeit lohnt es sich, noch einen Abstecher zum **Kbal Spean** ㉔ zu machen, in dessen Flussbett zahllose *Linga*s gemeißelt sind. Wenn der Fluss Wasser führt, sind diese den indischen Gott Shiva repräsentierenden Phallussymbole besonders eindrucksvoll.

Auf dem Rückweg können die Hindutempel **Banteay Samre** ㉒ und **der östliche Mebon** ⑳ besucht werden. Je nach Zeit kann man in Banteay Srei zu Mittag essen oder nach einem kurzen Abstecher ins nahe gelegene **Aki-Ra-Minenmuseum** (s. S. 66) in den Angkor Archaeological Park zurückfahren und in eine Garküche vor einem der großen Tempel einkehren. Am Nachmittag geht es zum Hindutempel **Prasat Kravan** ⑯ und zum Klosterheiligtum **Banteay Kdei** ⑮. Vor dem Hintergrund eines letzten Sonnenuntergangs könnte Angkor Wat noch einmal bewundert werden.

Als Alternative für diesen Nachmittag könnte man von Banteay Srei zum Mittagessen nach Siem Reap zurückkehren und dann über die Flughafenstraße zum westlichen *Baray* fahren, einem Wasserreservoir aus der Angkor-Zeit. An diesem beliebten Ausflugsziel der Einheimischen ist es möglich, mit einem Boot den **westlichen Mebon** ㉕ zu besuchen, einen Tempel inmitten des Reservoirs.

Eine traditionelle Apsara-Tanzvorstellung mit einem Abendessen, zum Beispiel im luxuriösen **Raffles Grand Hotel d'Angkor** (s. S. 127), oder auch eine Runde durch die Bars in der Pub Street – allen voran ist dabei das schon lange existierende **Angkor What?** (s. S. 116) zu nennen – können je nach Geschmack den dreitägigen Kurztrip zu einem erfolgreichen Ende bringen.

Literatur zur Einstimmung

Zur Einstimmung oder als Begleitung auf der Reise bieten sich folgende Titel an:

> Etienne Aymonier, **Khmer Heritage in the Old Siamese Provinces of Cambodia**, White Lotus 1901. Englische Übersetzung eines Berichts aus der französischen Kolonialzeit in Kambodscha, der viele der kleineren Angkor-Tempel beschreibt. Mit Karten.

> Ta-Kuan Chou, **Sitten in Kambodscha: Über das Leben in Angkor im 13. Jh.**, 2006. Beispielloser Bericht des chinesischen Diplomaten Zhou Daduan, der von 1296 bis 1297 die Hauptstadt des Angkor-Reiches besuchte. Einzige zeitgenössische Quelle und Augenzeugenbericht über den Alltag im Angkor-Reich.

> André Malreaux, **Der Königsweg**, rororo, 1930. Roman über zwei Abenteurer, die versuchen, Teile eines Angkor-Tempels im kolonialen Kambodscha zu plündern und letztendlich scheitern, genau wie der Autor und spätere französische Kultusminister selbst.

> Henri Mouhot, **Travels in Siam, Cambodia, Laos and Annam**, White Lotus 1862. Englischer Nachdruck des Originalreiseberichts des „Wiederentdeckers" von Angkor.

> Sam Samnang, **KulturSchock Kambodscha**, REISE KNOW-HOW Verlag. Viele Hintergrundinformationen zu Geschichte und Kultur des Landes. Lebensweisen und Alltag werden unterhaltsam beschrieben.

> Geoff Ryman, **The King's Last Song**, 2008. Ordentlicher englischsprachiger Abenteuerroman, der zwischen der Zeit von Jayavarman VII. und der kambodschanischen Gegenwart hin- und herpendelt. Spannend und gut lesbar.

Praktische Infos zum Besuch des Angkor Archaeological Parks

Öffnungszeiten

Der Angkor Archaeological Park ist täglich von 7.30 bis 17.30 Uhr geöffnet. Wer den **Sonnenaufgang** im Park erleben will, kann Angkor Wat und Srah Srang schon ab 5 Uhr früh besuchen. In der Hochsaison bilden sich allerdings am Ticketschalter schon um diese Zeit **lange Schlangen** und es kann zu einer Wartezeit von bis zu 20 Minuten kommen. Zudem ist es möglich, sowohl den Sonnenauf- als auch den -untergang auf Phnom Bakheng ❷ und auch im Pre Rup-Tempel ㉑ zu genießen, die beide von 5 bis 19 Uhr besucht werden können.

Kosten

Alle Besucher des Angkor Archaeological Parks benötigen ein gültiges **Eintrittsticket**, das von 5 Uhr bis 17.30 Uhr am neuen **Ticketschalter** an der Road 60 [ci] erhältlich ist. Es gibt Tickets für einen Tagesbesuch (US$ 37), für drei Tage innerhalb einer Woche (US$ 62) oder für sieben Tage innerhalb eines Monats (US$ 72).

Kreditkarten von Visa, Mastercard, UnionPay, JCB, Discover und Diners Club werden akzeptiert. Die drei oder sieben Tage gültigen Ausweise werden mit einem Foto des Besuchers versehen, das direkt an der Kasse gemacht wird. Der ganze Prozess dauert nur ein paar Minuten, vorausgesetzt, die Warteschlangen sind nicht zu lang. **Wer sein Ticket verliert, muss ein neues kaufen.** Vor jedem Tempel wird genauestens kontrolliert.

Angkor preiswert

Ganz ohne zu zahlen, kommt man in Angkor leider nicht zu den Tempeln. Aber wer am Vorabend um 17 Uhr sein Tempelticket kauft, kann zum **Phnom Bakheng** ❷ *fahren, um den Sonnenuntergang zu bewundern - das Ticket ist dann erst ab dem nächsten Tag gültig.*

Am günstigsten ist es natürlich, die Tempel **mit dem Fahrrad** *zu besuchen. Die Straßen im Angkor Archaeological Park sind größtenteils asphaltiert und ziemlich eben. In der Saison von Oktober bis März sind die Strecken zwischen den einzelnen Tempeln leicht zu bewältigen. In der heißen Sommerzeit kann das Radeln allerdings vor allem für Kinder schnell zur Qual werden. Fahrräder werden in vielen Guesthouses in Siem Reap vermietet und kosten generell zwei bis drei US$ pro Tag.*

Auch Siem Reap, ein ziemlich teures Pflaster für Kambodscha, lässt sich mit relativ kleinem Budget erleben. **Einfache Zimmer** *in Guesthouses gibt es ab US$ 7, mit Klimaanlage ab ca. US$ 12. Wer* **preiswert essen** *will, sollte die Straßenstände um den Verkehrskreisel an der Sivatha Road aufsuchen. Ein paar preiswerte Garküchen an der Westseite des Old Market (s. S. 73), bieten eine Speisekarte auf Englisch und wirken recht einladend. Das günstigste Bier lässt sich an den zahlreichen Ständen am Straßenrand, vor allem auf der Sivatha Road, ergattern.*

Fortbewegung

Die Tempel im Angkor Archaeological Park liegen zu weit auseinander – Angkor Wat ist mehr als zwei Kilometer vom Bayon entfernt, Ta Prohm liegt wiederum vier Kilometer weiter im Wald versteckt –, um sie zu Fuß zu erkunden. Aber es ist Besuchern Angkors und Siem Reaps derzeit **offiziell nicht gestattet, mit einem gemieteten Motorrad oder Auto** selbst zu fahren, da schon viele Touristen schwer verunglückt sind. In der Praxis wird dieses allerdings nicht mehr so wie noch vor wenigen Jahren verfolgt und in Siem Reap gibt es inzwischen eine ganze Reihe Geschäfte, die Motorroller oder Motorräder verleihen (US$ 10/Tag). **Elektronische Fahrräder** werden von zwei Firmen angeboten:

- 1 [A5] **Green E-Bike**, neben dem Central Market, Tel. 095700130, www.greenebike.com, US$ 10/Tag. Die Akkus laufen ca. 40 Kilometer, bevor sie neu aufgeladen werden müssen. Im Tempelpark gibt es vier Ladestationen für diese E-Bikes.
- 2 [A5] **Ovelocity**, 138 Taphul Road, Tel. 089905062, www.ovelocity.com. Bietet ähnliche Räder wie Green E-Bike für US$ 8 pro Tag mit 45 Kilometer Reichweite.

Es gibt eine ganze Reihe Optionen, den Tempelpark zu erkunden, die zugleich die einheimische Wirtschaft fördern. Ein Großteil der Besucher mietet ein sogenanntes **Tuk-Tuk**, eine Art Motorradriksha mit genug Platz für zwei bis drei Personen. Tuk-Tuks kosten ca. US$ 15–18 pro Tag inklusive Fahrer, zu weit entfernten Tempeln wie Banteay Srei, das mehr als eine Stunde von Siem Reap entfernt liegt, ist es etwas teurer. **Motorradtaxis**, in Kambodscha *Motodups* genannt, sind weniger komfortabel, nehmen nur einen Passagier mit und kosten ca. US$ 8–10 Miete pro Tag, etwas mehr zu weit entfernten Zielen. **Taxis** kosten US$ 20–30 pro Tag, selbstverständlich mit Fahrer und Klimaanlage.

Minibusse können für ungefähr US$ 40–60 pro Tag angemietet werden, etwas mehr kostet die Fahrt zu weit entfernten Tempeln. Es gilt unbedingt die Routen sowie Start- und Rückkehrzeiten vor Beginn der Fahrt auszuhandeln, sodass es später nicht zu Missverständnissen kommt. Direkt mit Fahrern abgemachte Be-

Elefantentour vor dem Bayon ❺

Praktische Infos zum Besuch des Angkor Archaeological Parks

träge sollten erst am Tagesende bezahlt werden.

Wer die Angkor-Tempel aus der Luft sehen will, kann einen **Hubschrauberflug** buchen (kurze Flüge ab U$100). Derzeit gibt es zwei Anbieter:

> **Helicopters Cambodia**, www.helicopters cambodia.com, Tel. 012814500
> **Helistar Cambodia**, Tel. 063966072, http://helistarcambodia.com

Informationsquellen

Nützliche Internetseiten

> **www.angkorguide.net/deutsch**: Internetseite eines in Siem Reap lebenden Deutschen mit guten Hintergrundinfos zu den Tempeln und der Geschichte Angkors. Die interessantesten Artikel der Seite sind allerdings auf Englisch geschrieben.
> **http://angkor.com.kh**: Internetseite der Organisation, die für die Instandhaltung der Tempel verantwortlich ist.
> **www.theangkorguide.com**: Onlineausgabe des Buches „Les Monuments Du Groupe D'Angkor" von Maurice Glaize in englischer Übersetzung, ursprünglich 1944 in Saigon veröffentlicht. Enthält die Geschichte Angkors sowie Grundrisse, Beschreibungen und Fotos der wichtigen Tempel.
> **www.tourismcambodia.com/attrac tions/angkor.htm**: offizielle Seite des Ministeriums für Tourismus zu Angkor
> **www.visit-angkor.org/de**: gute Einführung zu den Tempeln und der Stadt mit persönlichen Eindrücken der Autorin

Publikationen und Medien

Die besten Informationen vor Ort werden von diversen kleinen Magazinen geboten. Canby Publications (www.canbypublications.com) veröffentlichen alle drei Monate einen **Siem Reap Visitors Guide** mit brauchbaren Karten, kurzen Beschreibungen der Tempel und aktuellen Informationen zu Siem Reap. Das **Ancient Angkor Guidebook** ist eine ähnliche Publikation. Diese kostenlosen Broschüren sind in fast allen Hotels, *Guesthouses* und vielen Restaurants zu finden. Eine **Touristeninformation** oder Ähnliches gibt es im Angkor Archaeological Park nicht.

Kambodscha – das verminte Land

*Obwohl der Bürgerkrieg seit 1997 beendet ist, bleibt Kambodscha eines der am stärksten verminten Länder der Welt. US-Bomber in den 1960er-Jahren, die Roten Khmer in den 1970er-Jahren, vietnamesische, kambodschanische und Rote-Khmer-Truppen in den 1980er- und 1990er-Jahren: Sie alle haben Tausende von Bomben und Minen hinterlassen, die nach wie vor **jedes Jahr um die hundert Opfer** fordern.*

*Jedem 300. Kambodschaner fehlen aufgrund von Landminenexplosionen Gliedmaßen. Eine Reihe von Organisationen arbeitet seit Ende des Bürgerkrieges 1997 daran, das Land zu sichern, aber in abgelegenen Gegenden besteht noch immer eine große Gefahr, von Minen verletzt zu werden. **Der Angkor Archaeological Park ist komplett entmint.***

Auch für Besucher Kambodschas gilt die Regel: Niemals von ausgetretenen Pfaden abweichen!

*Wer sich einen kleinen Einblick in das traurige Schicksal eines von Minen schwer geschädigten Landes verschaffen will, sollte das **Aki-Ra-Minenmuseum** (s. S. 66) an der Straße nach Banteay Srei besuchen.*

Praktische Infos zum Besuch des Angkor Archaeological Parks

Sicherheit

Der Angkor Archaeological Park ist die **sicherste Gegend Kambodschas** und Überfälle auf Ausländer gibt es hier kaum. Auch Siem Reap ist ein sehr sicheres Pflaster und nur für solche Besucher potenziell gefährlich, die aktiv nach Drogen oder käuflichem Sex suchen.

Die einzige wirkliche Gefahr ist **der chaotische Verkehr,** sowohl im Angkor-Park als auch in der Stadt. In Kambodscha waren bis vor einer Weile weder ein Mindestalter noch ein Führerscheinsystem festgelegt. Auch heute noch gilt: Wer Geld hat, kann ohne Papiere und sogar ohne Kennzeichen Auto fahren. Jeden Tag sterben Menschen auf den Straßen von Siem Reap, meist junge Männer auf schnellen Motorrädern. Es gilt also, immer wachsam zu sein, wenn man die Straße überquert.

Tempeltouren

Besucher sollten sich die Tempel am besten mit einem einheimischen Führer (neben diesem CityTrip-Band) ansehen, um nicht von der gigantischen Steinwelt überwältigt zu werden. Viele kleine und faszinierende Details sind ohne einen Experten nicht zu finden. Alle Hotels können englischsprachige guides für US$ 20–30 pro Tag vermitteln. Wer einen kompetenten **Deutsch sprechenden Führer** vorzieht, sollte sich an die Khmer Angkor Tour Guides Association (Tel. 063964347, www.khmerangkortourguide.com) wenden. Die Tagesraten sind aber höher (um die US$ 35) und derzeit stehen der Organisation nur wenige Deutsch sprechende Führer zur Verfügung. Der Transport muss unabhängig organisiert werden.

Wer es sich einfacher machen will, kann eine komplett **organisierte Tempeltour** buchen. Solche Touren kosten ca. US$ 15–20 pro Tag. Ein klimatisierter Bus oder Minibus, ein Englisch sprechender Führer und die Abholung vom Hotel sind inklusive. Eintrittskarte und Mittagessen müssen extra gezahlt werden. Programme mit zusätzlichen Dienstleistungen wie spezielles Essen, alkoholische Getränke oder Fotoworkshops kosten bis zu US$ 100 pro Tag.

› **Angkor 7th Travel,** Tel. 0636339391, www.angkor7thtravel.com. Seit Langem in Siem Reap etabliertes Reisebüro, das gut organisierte Touren zu den Tempeln für kleine Gruppen oder Paare anbietet.

› **Grasshopper Adventures,** Street 26, Tel. 012462165, www.grasshopperadventures.com. Ausgezeichnete Fahrradtouren rund um die Angkor-Tempel oder durch die Dörfer um Siem Reap. Auch längere Touren, die von den Tempeln nach Saigon führen, sind empfehlenswert.

› **Angkor Tour Guide,** Tel. 012631052, www.guideangkor.com. Gut organisierte Tempeltouren für Einzelreisende oder kleine Gruppen, leider nur auf Englisch oder Französisch.

› **Holystone Travel,** Tel. 012955166, www.holystonetravel.com. Preiswerte Tagestouren (Englisch) und längere Veranstaltungen zu den Angkor-Tempeln.

› **Peace of Angkor,** Tel. 063760475, www.peaceofangkor.com. Spezialist für Foto-Exkursionen zu den Tempeln und in die Gegend um Siem Reap.

› **Angkor Zip Line,** Tel. 0969999100, https://angkorzipline.com, Startpunkt westlich vom Ta Nei-Tempel [cf]. Wer ein Dschungelabenteuer im Angkor Archaeological Park sucht, ist bei dieser renommierten Firma richtig, denn hier schweben bzw. rasen die Gäste an Seilrutschen durch den Wald um die Tempel.

Petit Circuit – Kleiner Rundgang

Während der französischen Kolonialzeit zu Beginn des 20. Jh. kamen die ersten Touristen nach Angkor. Aus diesem Grund wurden ein Petit Circuit (Kleiner Rundgang) und ein Grand Circuit (Großer Rundgang) um die Haupttempel geschaffen, die zunächst auf dem Rücken von Elefanten bewältigt wurden. Heute sind die Straßen um die Tempel weitgehend asphaltiert und die meisten Besucher des Angkor Archaeological Parks sind motorisiert, sodass die Entfernungen zwischen den Monumenten keine so große Rolle mehr spielen. Wer allerdings nur einen Tag Zeit hat, sollte auch heute noch dem Petit Circuit folgen. Diese 17 Kilometer lange Kreisstraße beginnt bei Angkor Wat, führt an Phnom Bakheng und Baksei Chamkrong vorbei in die Königsstadt Angkor Thom, wo es unter anderem den sagenhaften Bayon zu bewundern gilt. Der Petit Circuit verlässt Angkor Thom über das Siegestor und führt an Chau Say Tevoda und dem Thommanon vorbei zu der Sandsteinpyramide Ta Keo. Von hier geht es zum spektakulären Dschungeltempel Ta Prohm weiter zu Banteay Kdei, dem Reservoir Sra Srang und dann zurück zu Angkor Wat via Prasat Kravan.

❶ Angkor Wat ★★★ [ch]

Viele Besucher spüren, wenn sie Angkor Wat zum ersten Mal erblicken, eine fast körperlich wahrnehmbare Ergriffenheit. Das größte Bauwerk der Khmer und zugleich das größte sakrale Gebäude der Welt war einst das Zentrum ungeheurer Macht, die

◹ *Angkor Wat bei Sonnenaufgang*

Petit Circuit – Kleiner Rundgang

Angkor Wat, Übersicht

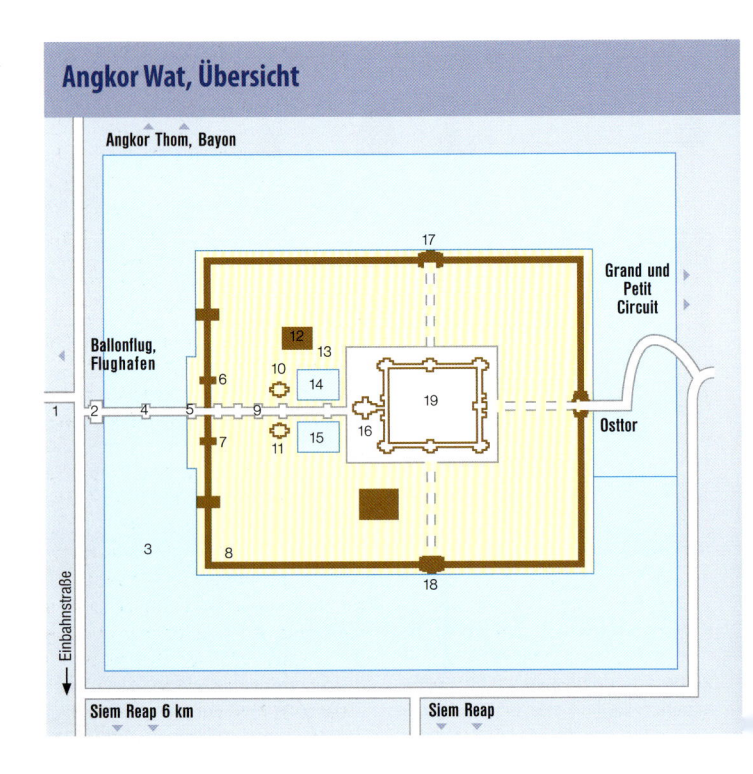

sich Mitte des 12. Jh. über große Teile Südostasiens erstreckte und bis heute die Kulturen der Region prägt. *Der hinduistische Tempelberg Angkor Wat, während der Herrschaft Suryavarmans II. begonnen und nach 30-jähriger Bauzeit vollendet, ist das nationale, emotionale, geschichtliche und derzeit wieder wirtschaftliche Herz Kambodschas. 800 Jahre alt, zerstört, verlassen, fast vergessen und schließlich von Europäern „wiederentdeckt", repräsentiert er die uns so fremde Exotik des Fernen Ostens wie kaum ein anderes Gebäude.*

Nachdem man einen Teil des gewaltigen, fast 200 m breiten Wassergrabens (3), der sich um den Tempel zieht, umrundet hat, steht man auf der von Steinlöwen bewachten Terrasse (2) vor einer breiten Sandsteinchaussee (4), die über den Wassergraben zum Haupteingang führt. Von hier aus sieht man in einiger Entfernung hinter einer hohen langen Mauer die goldbraunen *Prasats* (Türme) des Tempels, die in der Form gigantischer Loutusblumen in den Himmel ragen. Einen Moment lang fällt es schwer, die Dimensionen zu erfassen. Mit welch einer Energie und religiös-politischen Willenskraft müssen die Khmer gearbeitet haben, um dieses fantastische Bauwerk zu erschaffen? Allein die Bearbeitung und das Herbeischaffen des Baumaterials, riesige Sandsteinbrocken, die aus einem Steinbruch auf dem in 50 km

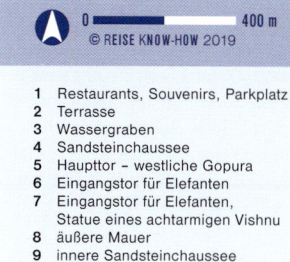

1 Restaurants, Souvenirs, Parkplatz
2 Terrasse
3 Wassergraben
4 Sandsteinchaussee
5 Haupttor – westliche Gopura
6 Eingangstor für Elefanten
7 Eingangstor für Elefanten, Statue eines achtarmigen Vishnu
8 äußere Mauer
9 innere Sandsteinchaussee
10 Bibliothek
11 Bibliothek
12 Wat
13 Getränke, Souvenirs
14 Wasserbecken
15 Wasserbecken
16 Ehrenterrasse
17 Nordtor
18 Südtor
19 Tempel

entfernten Phnom Koulen ohne Hilfe von Maschinen an die Baustelle transportiert wurden, muss Tausende Menschen jahrelang beschäftigt haben. Angkor Wat ist **bombastisch, poetisch, brutal in seiner Größe**, sanft in seiner Symmetrie und künstlerischen Gestaltung, ebenso unglaublich als Ganzes wie im kleinsten Detail – für westliche Besucher einfach ein fremder, berauschender Traum aus Stein. 700 Jahre im geschichtlichen Abseits und 40 Jahre Krieg haben der Majestät dieses Meisterwerks der Khmer nichts genommen.

Hintergrund

Chou Ta-Kuan, der chinesische Diplomat, der Angkor Thom Ende des 13. Jh. besuchte, war so beeindruckt von Angkor Wat, dass er annahm, der Tempel sei von einem chinesischen Handwerksmeister in einer einzigen Nacht erbaut worden. (Siehe Exkurs „Ein chinesischer Diplomat am Königshof von Angkor" auf S. 14.)

Und im Gegensatz zu den anderen Tempeln des Angkor-Reiches wurde Angkor Wat (*Wat* ist sowohl das Khmer- als auch das Thai-Wort für Tempel) nie ganz aufgegeben. Während der Herrschaft Srindravarmans, der zehn Jahre in Sri Lanka verbracht und dort den Theravada-Buddhismus studiert hatte, wurde Angkor Wat im späten 13. Jh. **in einen buddhistischen Tempel umgewandelt.** Nach der Plünderung Angkors durch die Siamesen im Jahr 1431 verfiel der Tempel langsam. Dennoch lebten weiterhin Mönche in Angkor Wat.

Im 16. Jh. tauchten die ersten westlichen Besucher auf. Der Portugiese **Antonio di Magdallena** brachte 1586 folgende Beschreibung zu Papier: „Es ist eine so außergewöhnliche Konstruktion, dass es nicht möglich ist, das Gebäude mit einem Stift zu beschreiben, vor allem weil es keinem anderen Gebäude auf der Welt gleicht. Es hat Türme und Dekorationen und alle Raffinessen, die sich das menschliche Genie erdenken kann."

Um 1857 besuchte der Franzose **Henri Mouhot** Angkor Wat. Als der Naturforscher und Philologe den Tempel zum ersten Mal sah, wollte er nicht glauben, dass die Khmer das Gebäude geschaffen hatten und datierte Angkor Wat auf die Blütezeit Roms. So schrieb er mit damals typisch westlichem Überlegenheitsgefühl: „Es ist bombastischer als alles, was uns Griechenland oder Rom hinterlassen haben und präsentiert einen traurigen Kontrast zu dem barbarischen Zustand, in den die Nation verfallen ist."

Viele Kambodschaner glaubten, der Tempel sei von Göttern errichtet worden.

Es ist kein Wunder, dass heute bis zu zwei Millionen Menschen im Jahr nach Siem Reap kommen, um vor allem Angkor Wat zu bestaunen.

Wie alle anderen Tempelberge des Angkor-Reiches ist Angkor Wat ein **Abbild des hinduistischen Universums**, auf drei Ebenen errichtet. Der Wassergraben symbolisiert den kosmischen Ozean, die den Tempel umgebenden Mauern stellen die Bergrücken um den heiligen Gipfel Meru dar, der durch den zentralen *Prasat* Angkor Wats dargestellt wird. Die *Nagas* (vielköpfige Schlangen aus der Hindumythologie) entlang der Chaussee innerhalb der äußeren Tempelmauer symbolisieren einen Regenbogen, über den der Mensch in die Welt der Götter reist. Der Abstand zwischen diversen Bestandteilen des Tempels wurde mithilfe hinduistischer Kosmologie festgelegt.

Leider kann man heute nicht mehr erwarten, Angkor Wat allein genießen zu können – auch frühmorgens bei Sonnenaufgang kann es hier in der Hochsaison schon voll sein. So gut wie jeder Besucher Siem Reaps schaut sich Angkor Wat an und viele kommen mehr als einmal. Im Dezember sollen **bis zu 6000 Menschen täglich** durch die Tempeltore laufen. In den heißen Sommermonaten und während der Regenzeit lassen sich dennoch ruhige Momente im Tempelinneren erleben.

Der Tempel

Einzigartig ist schon der Eingang zu Angkor Wat, der im Gegensatz zu den Eingängen anderer Tempel an der Westseite des Tempels liegt. Zudem sind die Flachreliefs in den Galerien des Tempels, ebenfalls im Gegensatz zu anderen Bauwerken der Khmer, von links nach rechts angelegt, eine hinduistische Tradition, die darauf hindeuten mag, dass Angkor Wat ursprünglich als **Mausoleum für den hinduistischen König Suryavarman II.** gebaut wurde. Ob er tatsächlich hier beigesetzt wurde, weiß man nicht.

Angkor Wat ist von einem Wassergraben (3) eingefasst, dessen Außenkanten 1500 x 1300 m messen. Von der Straße überquert man zunächst diesen **Wassergraben** und gelangt über eine 250 m lange und 12 m breite Chaussee aus Sandstein (4) zum Haupttor (5). Die rechteckige Mauer (8), die Angkor Wat hinter dem Wassergraben umgibt, ist 1025 m mal 800 m lang. Das innere Tempelareal ist mehr als 210 ha groß.

Die westliche *Gopura* (Tor in der äußeren Mauer) (5) ist Teil einer 230 m breiten, mit zahllosen Skulpturen dekorierten Fassade, die von drei Türmen unterschiedlicher Höhe gekrönt wird. Während der mittlere von drei Eingängen in die **Gopura** über eine Treppe erklommen werden muss, finden sich links und rechts davon größere Tore (6, 7), die früher mögli-

> **EXTRAINFO**
>
> **Der Tempel neben dem Tempel**
> Direkt neben Angkor Wat, nördlich der Wasserbecken, befindet sich ein moderner buddhistischer Tempel (12), dessen Abt eine kleine Rolle in dem Hollywoodstreifen „Lara Croft: Tomb Raider" innehatte. Die Pagode wird generell nur von kambodschanischen Besuchern betreten, Besucher aus dem Ausland sind allerdings willkommen. An seiner Außenmauer finden sich zahllose Getränke- und Souvenirverkäufer (13). Wer von ihnen nicht angesprochen werden will, sollte ihnen fernbleiben, aber ein kurzer Blick in das Innere des Gebäudes lohnt sich, um einen Eindruck von einem modernen Tempel in Kambodscha zu gewinnen. Für unsere Begriffe eher kitschige Illustrationen aus dem Leben Buddhas bedecken die Wände der Gebetshalle.

cherweise von Elefanten genutzt wurden. Im rechten Turm steht eine fast 3,5 m hohe Statue von Vishnu (einer der Hauptgötter im Hinduismus) (7), an der Kambodschaner oft beten und Räucherstäbchen anzünden. In den Galerien entlang der äußeren Fassade sind die Wände mit Reliefs von Wesen aus der hinduistischen Mythenwelt dekoriert.

Verlässt man die *Gopura,* so betritt man eine **zweite, fast 500 m lange Chaussee** (9). Dieser mit großen Sandsteinplatten planierte Weg führt, flankiert von den erwähnten Naga-Balustraden, direkt auf den Tempelberg zu. Von der *Gopura* aus kann man allerdings nur drei der fünf Türme betrachten. Um alle *Prasats* auf einmal sehen zu können, sollte man zu einer der beiden Bibliotheken (10, 11) gehen, die sich nördlich und südlich, also auf der rechten bzw. linken Seite der Chaussee befinden. Hinter den Bibliotheken liegt jeweils ein Wasserbecken (14, 15). Während und nach der Regenzeit führt das Becken auf der linken Seite (14) Wasser und die **Silhouette von Angkor Wat** spiegelt sich sehr fotogen darin wider. Ganz Mutige können sich hier ein Cowboykostüm ausleihen, auf ein Pferd steigen und sich von einem einheimischen Fotografen vor diesem Hintergrund ablichten lassen – was erstaunlich viel Anklang findet.

Am Ende der Chaussee gilt es, die von steinernen Löwen flankierte **Ehrenterrasse** (16) zu erklimmen, die erste Platform, auf der Angkor Wat errichtet wurde. Von der Ehrenterrasse aus erblickt man 215 m lange, in nördlicher und südlicher Richtung an der Tempelmauer entlang verlaufende Galerien, die restlos mit mythischen und geschichtlichen Darstellungen in Form von Halbreliefs bedeckt sind.

Tempelangestellte (links) und Devatas (rechts) in Angkor Wat

Angkor Wat, Tempel

16 Ehrenterrasse
21 Flachreliefs: Die Schlacht um Kurukshetra
22 Flachreliefs – Südwestpavillon
23 Flachreliefs: Prozession Suryavarmans II.
24 Flachreliefs: Himmel und Hölle
25 Flachreliefs: Das Aufwühlen des Milchmeeres
26 Flachreliefs: Vishnus Kampf mit Dämonen
27 Flachreliefs: Sieg Krishnas über den Dämonen Bana
28 Flachreliefs: Schlacht zwischen Göttern und Dämonen
29 Flachreliefs - Nordwestpavillon
30 Flachreliefs: Schlacht um Lanka
31 Halle der Echos
32 Halle der 1000 Buddhas
33 Bibliothek
34 Bibliothek
35 Wasserbecken
36 Mauer um 2. Plattform
37 Bibliothek
38 Bibliothek
39 Hauptturm

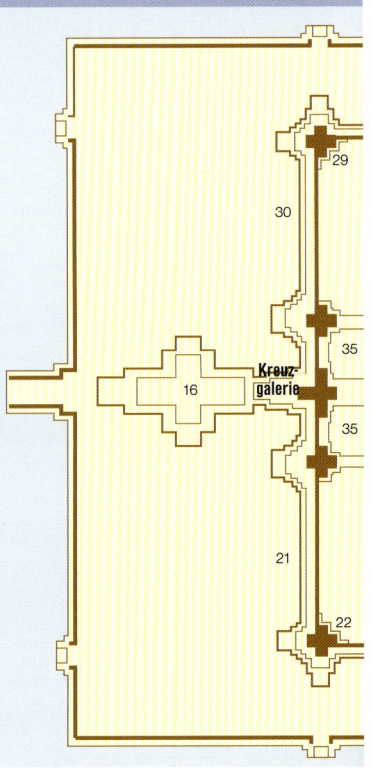

Wenn man die Ehrenterrasse durch die zentrale *Gopura* in der westlichen Mauer verlassen hat, befindet man sich schließlich im **Tempelinneren** (19). Zunächst betritt man zwei kreuzförmige Räume, rechter Hand die Halle der tausend Buddhas (32), wo allerdings nur noch einige wenige Buddhastatuen zu finden sind, und links die Halle der Echos (31), die ihrem Namen jedoch lediglich dann gerecht wird, wenn gerade keine Reisegruppen hindurch eilen. Nördlich und südlich der Hallen befindet sich je eine Bibliothek (33, 34), von wo aus man einen guten Blick auf das Haupttheiligtum des Tempels hat. Lange kreuzförmige Säulengänge führen um vier tiefe quadratische, von Treppen flankierte Wasserbecken (35).

Die Mauer (36) um die **zweite Plattform** ist 430 m lang und an der Außenseite ohne jegliche Verzierungen. Die Innenwände sind allerdings ein Traum aus Stein. Mehr als 1500 **Apsaras und Devatas,** himmlische Nymphen, zieren die Wän-

Petit Circuit – Kleiner Rundgang

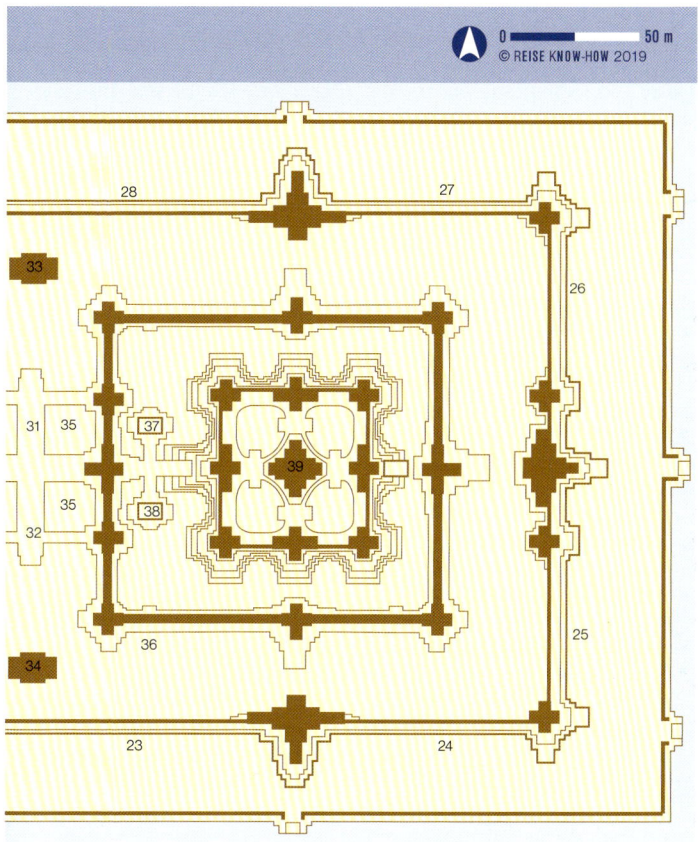

de der Galerien und nicht eine der Schönen gleicht einer anderen. Kleidung, Schmuckstücke, Frisuren und Gesichtsausdrücke wechseln von Relief zu Relief. Oft sind gleich zwei oder drei *Apsaras* Arm in Arm zu sehen. Viele der Säulen, die die Galerien stützen, sind in Sanskrit und Khmer beschriftet. Einige davon und auch manche Wände sind leider seit Neuestem mit chinesischen Schriftzeichen beschmiert – ein Preis des Massentourismus. Auch unter dem Gesims sind weitere *Apsaras* zu bestaunen, während die Sockel der Säulen von Asketen, hinduistischen Heiligen, gestützt werden.

Schließlich führt eine Treppe in den inneren Hof des Tempels und zur dritten Plattform, die einst nur der König und seine Familie betreten durften. Auch hier sind die Wände mit Hunderten *Apsaras* bedeckt. Zwei kleine Bibliotheken (37, 38) stehen rechts und links vor dem **Haupttheiligtum** von Angkor Wat, einer 60 m breiten und 31 m hohen Tempelpyramide, die von fünf Türmen gekrönt wird. Insgesamt

… ist Angkor Wat 55 m hoch. Der mittlere Turm hat die gleiche Höhe wie Notre-Dame in Paris. Die **zentrale Pyramide** (39), die früher nur über zwölf sehr steile Treppen erklommen werden konnte, ist seit einigen Jahren über eine Holztreppe zugänglich. Diese war jahrelang geschlossen, nachdem ein paar Touristen schwer gestürzt waren. **Besuchszeiten** sind auf 15 Minuten beschränkt, man muss angemessen gekleidet sein und es kann zu langen Schlangen kommen. Dennoch lohnt sich der Aufstieg für alle, denen nicht leicht schwindelig wird. Der Blick über den Tempel und die Umgebung ist fantastisch. Auch die Wände dieser Pyramide sind mit kleinen Gruppen von *Apsaras* verziert. Es lohnt, die zentrale Pyramide zu umrunden, um die unterschiedlichen Skulpturen zu bewundern. Es ist möglich, bis zum zentralen *Prasat*, in dem sich eine Buddhastatue befindet, emporzusteigen. Der Blick von dort oben über den gesamten Tempelkomplex und den umliegenden Wald ist atemberaubend.

Die Flachreliefs

Die Flachreliefs, die sich in vier Galerien um das Tempelinnere, also um die erste Platform von Angkor Wat ziehen, bilden den Höhepunkt des kreativen Schaffens der Khmer. Auf einer Fläche von 1200 Quadratmetern erstreckt sich das zwei Meter hohe Band in endlosen verspielten Details. Die überdachten Galerien in der äußeren Wand des Tempelbergs werden jeweils von sechzig Steinsäulen gestützt, sodass das Sonnenlicht auf den unteren Teil der Reliefs fällt und es nach oben hin immer dunkler wird. Weitere Reliefs finden sich in zwei der Eckpavillons.

Insgesamt acht Galerien umgeben Angkor Wat, jeweils eine links und rechts von den zentralen *Gopuras* in der Nord-, Süd-, Ost- und Westmauer. Die **Szenen der Reliefs** verlaufen horizontal und von links nach rechts. Meist gehen die dargestellten Ereignisse übergangslos ineinander über oder sie verlaufen in mehreren Ebenen übereinander. Besucher sollten die Galerien am besten gegen den Uhrzeigersinn besichtigen. Indische Epen und die Kriege der Khmer sind die Hauptthemen. Ein Teil der Reliefs wirkt glänzend poliert. Auch die Brüste vieler *Devatas* im inneren Tempelhof wirken wie blank gerieben. Experten sind sich nicht sicher, woran dies liegt – entweder haben Tausende Hände von Pilgern die Wände berührt oder die Flachreliefs waren ursprünglich von einem Lack bedeckt.

Der 49 m lange Südteil der westlichen Galerie (21) gibt eine Szene aus dem *Mahabharata*, einem der großen indischen Epen, wieder – die Schlacht um Kurukshetra. Hier streiten sich die Kauravas und die Pandavas, zwei miteinander verwandte indische Königsklans und ihre Armeen. Die gegnerischen Streitkräfte bewegen sich vom rechten und linken Ende der Galerie aufeinander zu und treffen in der Mitte in einem blutrünstigen Handgemenge aufeinander. Pfeile fliegen in alle Richtungen, Schwerter schmettern Feinde nieder und die Generäle sitzen auf Wagen oder Elefanten und treiben ihre Fußsoldaten in den grausamen Tod. Bishma, der General der Kauravas, liegt im Sterben, von seinem Rivalen Arjuna mit zahlreichen Pfeilen zur Strecke gebracht. Der siegreiche Arjuna ist ebenfalls in der Mitte der Galerie

▷ *Flachreliefs an der Südseite*

zu sehen, wie er gerade seinen Halbbruder Krishna tötet.

Im Südwestpavillon (22) befinden sich eine Vielzahl interessanter Reliefs, allesamt aus der hinduistischen Mythologie, meist Szenen aus der *Ramayana* (*Reamke*r in Khmer), einem anderen großen indischen Epos, oder aus dem Leben Krishnas. Eine Hauptattraktion an der Nordseite ist Shiva, von schönen Frauen umringt und als Bettler verkleidet, um die Eitelkeit von Eremiten zu testen. Es ist auch möglich, dass in einer weiteren Szene Ravana, der Dämonengott aus Lanka, versucht, in den Palast des Gottes Indra einzudringen. Ebenfalls an der Nordseite findet sich eine Szene vom Wasserfest in Dvaravati. In zwei Ebenen finden in fischreichem Wasser Bootsrennen statt, während ein paar faszinierende Straßenszenen – darunter ein Schachspiel und ein Hahnenkampf – **Einblick in den Alltag der Khmer** geben. An der Südseite versucht ein wütender Ravana mit zwanzig Armen den heiligen Berg Meru zu schütteln. An der Ostseite des Pavillons findet der Kampf zwischen den Affenbrüdern Valin und Sugriva statt. Der Prinz Rama kommt Sugriva zu Hilfe und erschießt Valin mit einem Pfeil. Valin wird im Sterben liegend dargestellt, während seine Frau Tara, die er zuvor Sugriva geraubt hatte, trauert und Affenkrieger mit betroffenem Gesichtsausdruck darunter sitzen. Ebenfalls an der Ostseite befindet sich eine Szene, in der Krishna den Berg Govardhana hochhebt, um Schäfer und ihre Herden vor heftigem Regen zu schützen. Indra hatte den Regen als Strafe für die Schäfer geschickt, die dem Berg ein Opfer dargebracht hatten, ohne den wütenden Gott zunächst freundlich zu stimmen.

Der Westteil der südlichen Galerie (23) illustriert einen Teil der Geschichte des Angkor-Reiches. Eine **Prozession des Gottkönigs** und Erbauers von Angkor Wat, Suryavarman II., wird auf 94 m Länge und auf zwei Ebenen dargestellt und beginnt am westlichen Ende der Galerie. Der König – durch seine Größe klar erkennbar – sitzt in der oberen Ebene etwa zehn Meter vom Anfang des Reliefs entfernt. In der darunter liegenden Ebene werden die Damen des Hofes in Sänften umhergetragen, während Generäle und Minister vor dem König um Audienz bitten. Auf einem einzigen zwei Meter hohen Bild im nächsten Abschnitt setzt sich die Prozession fort. Generäle der Armee Angkors reiten auf zwanzig Elefanten. Der König sitzt auf dem zwölften Elefanten, ist wiederum größer als seine Generäle dargestellt und wird von 15 Sonnenschirmen geschützt. Läuft man etwa 18 m weiter, so erkennt man den für Opfergaben verantwortlichen Brahmanen in einer Sänfte. Er ist von Priestern umgeben und eine Gruppe von Musikern schreitet diesem Teil der Prozession voran. Am Ende des Reliefs, am Kopf der Prozession also, laufen mit Speeren bewaffne-

Petit Circuit – Kleiner Rundgang

te siamesische Söldner, gefolgt von weiteren Truppen, die von Generälen oder Prinzen auf dem Rücken von Elefanten angeführt werden. Genau so beschrieb der chinesische Diplomat Chou Ta-Kuan, der Angkor lange nach dem Tod Suryavarmans besuchte, spätere königliche Prozessionen. (Siehe dazu den Exkurs „Ein chinesischer Diplomat am Königshof von Angkor" auf S. 14.)

Der Ostteil der südlichen Galerie (24) katapultiert den Betrachter in eine ganz andere Welt. Hier **regiert Yama, der Gott des Gerichts** und der Unterwelt. Die obere Ebene der 66 m langen Galerie zeigt 37 Himmel, in denen Menschen, die ein tadelloses Leben geführt haben, in Palästen leben. Interessanter sieht es darunter in den 32 Höllen aus. Mit erstaunlich kompromissloser Brutalität wird hier gegen die Sünder vorgegangen, die durch eine Falltür in eine Existenz ewiger Folter gestoßen werden. Ausgemergelte Gestalten werden von wilden Tieren zerrissen, wie Vieh an durch die Nasen gezogenen Seilen vorwärtsgezerrt und auf grausame Art malträtiert. Jede Hölle ist einer spezifischen Sünde zugeordnet. Menschen, die im Leben zu Völlerei neigten, werden in der elften Hölle zersägt. In der darauffolgenden Hölle werden solche, die beim Diebstahl von Alkohol oder bei der Verführung von verheirateten Frauen erwischt werden, von Raubvögeln in Stücke gerissen und in einen See geworfen. Anderen Opfern wird die Zunge aus dem Mund gerissen, sie werden gekocht, zerquetscht und gegrillt. Gegen Ende der Galerie werden Männer in große Rahmen genagelt. Immer wieder sieht man im unteren Teil des Reliefs Dämonen mit mitleidslosen Gesichtern auf wehrlose, zerschlagene Menschen einprügeln. Die Himmel, gestützt von Garuda (Fabelwesen aus der Hindumythologie) und tanzenden *Apsaras,* können keine vergleichbare Dramatik bieten.

Der 49 m lange südliche Teil der östlichen Galerie (25) veranschaulicht den Ursprungsmythos der Hindus aus der *Bhagavata-Purana*. Die Darstellung des aufgewühlten Milchmeeres ist eines der eindrucksvollsten Flachreliefs in den Galerien von Angkor Wat. In dieser wichtigen Sage aus der Hindumythologie versuchen 92 Dämonen und 88 Götter sich den **Nektar der Unsterblichkeit, Amrita** genannt, zu verschaffen. Um das begehrte Elixier herzustellen, ziehen die beiden Parteien an einer gigantischen *Naga* (Schlange), die sich um den im Zentrum des Milchmeeres stehenden heiligen Berg Meru windet. Die Dämonen ziehen von links, während die Götter die Schlange von rechts packen. Tausend Jahre lang rotiert der Berg aufgrund dieser Bewegungen der Schlange und als das Milchmeer daraufhin zu brodeln beginnt, ist der Trank der Unsterblichkeit fertig. In diesem kosmischen Meer von Angkor Wat schwimmen zahllose Fische, Krokodile, Schildkröten und mythische Kreaturen. Vishnu stützt in Form der Schildkröte Kurma den heiligen Berg. Gleichzeitig erscheint der Gott vierarmig auf dem Meru. Aus dem aufgewühlten Meer werden außerdem noch die *Apsaras* erschaffen, sie schweben im Himmel über der Szene.

Der Nordteil der östlichen Galerie (26) wurde erst im 16. Jh. geschaffen, lange nach dem Fall des Angkor-Reiches also, und zeigt im Zentrum der 52 m langen Galerie einen Kampf zwischen Vishnu, auf den Schultern seines Reittieres Garuda sitzend, und einer Armee Dämonen. Das Relief ist längst nicht so gut gearbeitet wie die in den anderen Galerien und wirkt etwas monoton.

Auch der 66 m lange Ostteil der nördlichen Galerie (27) wirkt nicht besonders kunstvoll und zeigt den Sieg Krishnas über den Dämon Bana.

Der 94 Meter lange Westteil der nördlichen Galerie (28) ist raffinierter gefertigt, aber Archäologen und Kunsthistoriker sind sich nicht ganz sicher, welche Schlacht zwischen Göttern und Dämonen hier dargestellt wird. Fest steht, dass die wichtigsten 21 hinduistischen Gottheiten gegen Dämonen in die Schlacht ziehen, darunter Indra auf dem Elefanten Airavata nach 44 m, Vishnu auf Garuda nach 54 m, Yama, Richter und König der Toten, auf einem Ochsenkarren nach 63 m, Shiva auf einem von zwei heiligen Bullen – *Nandis* – gezogenen Wagen nach 67 m, Brahma nach 71 m, Surya, der Sonnengott, der auf einer fünfköpfigen *Naga* reitet, nach 86 m. Der König der Dämonen, Kalanemi, wirft sich den Göttern nach 60 m in einem von Pferden gezogenen Wagen entgegen.

Der Pavillon an der nordwestlichen Ecke von Angkor Wat (29) ist genauso konstruiert wie sein Gegenüber an der südwestlichen Ecke. Dort findet man zwölf Flachreliefs mit Szenen aus dem *Ramayana*. An der Westseite ist Ramas Rückkehr nach Ayodhia, nach dem Sieg über den Dämonengott Ravana, dargestellt. An der Ostseite bittet Rama am Hofe des Königs Janaka um die Hand der Königstochter Sita. An der Südseite erkennt man Krishna mit seiner Frau Satyabhama auf Garuda, nachdem er den Dämon Naraka bezwungen und ihm den Berg Meru entrissen hat. An der Nordseite ruht Vishnu auf der heiligen Schlange Ananta im kosmischen Ozean. Lakshmi, seine Frau und Göttin des Reichtums, stützt seine Füße. In der Ebene darunter bittet eine Gruppe von Gottheiten Vishnu, auf der Erde zu erscheinen.

Das letzte Flachrelief, das man bei seiner Runde um den Tempel zu Gesicht bekommt, befindet sich im **Nordteil der westlichen Galerie** (30). Es handelt sich um eine 51 m lange grandiose Darstellung der **Schlacht um Lanka**, den Höhepunkt der *Ramayana*. Im Zentrum der Schlacht bekämpfen sich Rama, Held des hinduistischen Epos, auf den Schultern des Affenkönigs Hanuman stehend, und der zehnköpfige und zwanzigarmige Dämonenkönig Ravana, der auf einem von Löwen gezogenen Wagen fährt. Um die beiden Protagonisten herum finden brutale Kämpfe zwischen den Affenkriegern Ramas und den Dämonen Ravanas statt.

Am Ende dieser Galerie ist man wieder am Haupttor der Westmauer angelangt.

> Angkor Wat ist der erste Tempel, der sich ca. 3 km nach der Ticketkasse im Angkor Archaeological Park befindet.

❷ Phnom Bakheng ★★★ [cg]

Dieser Tempelberg ist die höchste Erhebung im Angkor Archaeological Park und damit auch der populärste Aussichtspunkt. Phnom Bakheng befindet sich im Gegensatz zu anderen, symbolischen Tempelbergen auf einem natürlichen Hügel. Zum Sonnenuntergang treffen sich hier in der Saison einfach zu viele Besucher und seit einiger Zeit werden nur noch 300 Besucher gleichzeitig auf den Tempelberg gelassen. Der Blick über den West Baray und das teilweise zwischen Bäumen versteckten Angkor Wat ist atemberaubend.

Petit Circuit – Kleiner Rundgang

Phnom Bakheng war der erste Tempel, der im späten 9. Jh. in der Gegend um Angkor erbaut wurde. Damit wurde die alte Hauptstadt Hariharalaya in Roluos aufgegeben. Die neue Hauptstadt, gegründet von König Yasovarman I., hieß Yasodharapura und war noch größer als das spätere Angkor Thom. Die im Quadrat angelegten Stadtmauern Yasodharapuras sollen jeweils vier Kilometer lang gewesen sein.

Der Hindutempel ist **beeindruckend, selbst in verfallenem Zustand.** Die schier endlosen, breiten und steilen Treppen zum Tempel hinauf sind inzwischen gesperrt worden, aber den Plan, eine Rolltreppe zu installieren, hat man glücklicherweise verworfen. Ein breiter Fußweg führt in einer langen Schlaufe von der Straße um den Tempelberg sanft bergauf. Der Tempel ist in etwa 15 Minuten zu erreichen. Wer nicht laufen kann oder will, kann sich für 20 US$ von einem Elefanten hinauftransportieren lassen.

Phnom Bakheng ist von einer **Lateritmauer** umgeben, die größtenteils verfallen ist. Um die Basis des Tempels herum befinden sich noch ein paar kleinere Gebäude, eines davon enthält zwei *Lingas* (Phallussymbol). Wie andere Tempelberge ist Phnom Bakheng ein Sinnbild für den kosmischen Gipfels Meru.

Ursprünglich standen **108 Türme** auf diesem Tempelberg. Die meisten sind heute verfallen. Die oberste Tempelplattform ist über vier extrem steile Treppen zu erreichen, die von Steinlöwen bewacht werden. Hier stehen fünf Türme, die in recht gutem Zustand sind. Der zentrale Turm enthielt einst ein *Linga*. Die Mauern des zentralen Turms sind mit exquisiten *Devatas* geschmückt.

EXTRATIPP

Sonnenuntergang auf Phnom Bakheng

Besucher, die ein Ticket für die Tempel kaufen, können diesen schon um 17 Uhr am Vortag der Besuchszeit erstehen. Damit sind sie berechtigt, am gleichen Nachmittag noch Phnom Bakheng zu besteigen, um die Sonne im West Baray versinken zu sehen. So ist es hier abends sehr voll. Derzeit werden abends nur 300 Besucher auf den Berg gelassen. Wer in der Hochsaison sicher sein will, einen Platz zu bekommen, sollte schon um 16 Uhr hier sein. Morgens dagegen ist hier niemand und die Sonne bescheint Angkor Wat. Wegen der allabendlichen Besuchermassen ist das **Fotografieren mit Stativ** bei Sonnenuntergang verboten.

› Phnom Bakheng liegt auf der linken Straßenseite zwischen Angkor Wat und dem Südtor zur Königsstadt Angkor Thom.

❸ Baksei Chamkrong ★ [cg]

Diesen kleinen Hindutempel besichtigt man am besten morgens. Er wurde um die Mitte des 10. Jh. während der Herrschaft von **Harshavarman** erbaut und später von Rajendravarman II. erweitert.

Baksei Chamkrong ist eine Tempelpyramide mit einem einzigen 12 m hohen, aus Ziegeln errichteten Turm. Rajendravarman II. **widmete den Tempel im Jahr 947 der hinduistischen Gottheit Shiva** kurz nachdem die Hauptstadt von Koh Ker nach Angkor zurückverlegt worden war.

› Baksei Chamkrong liegt auf der linken Straßenseite zwischen Phnom Bakheng und dem Südtor zur Königsstadt Angkor Thom.

▷ *Das Südtor von Angkor Thom*

Petit Circuit – Kleiner Rundgang

❹ Angkor Thom ★★★ [cg]

„Die Mauer bildet ein perfektes Quadrat, mit einem steinernen Turm an jeder Ecke. Im magischen Zentrum des Königreiches steht ein goldener Turm, flankiert von mehr als zwanzig kleineren Türmen und mehreren Hundert Räumen. An der Ostseite findet sich eine goldene Brücke, die von zwei goldenen Löwen, jeweils einem an jeder Seite, bewacht werden, mit acht goldenen Buddhas, die in steinernen Räumen verteilt sind. Nördlich des Goldenen Turmes, etwa siebzig Meter entfernt, steht der Turm aus Bronze, der sogar noch höher als der goldene Turm ist: ein wirklich atemberaubender Anblick, mit mehr als zehn Räumen im unteren Teil. Vierhundert Meter weiter nördlich liegt die Residenz des Königs. Über den privaten königlichen Gemächern ragt ein weiterer goldener Turm auf. Dies sind die Monumente, die Besucher aus dem Ausland so oft dazu veranlasst haben, von Kambodscha als einem reichen und noblen Land zu sprechen." Chou Ta-Kuan, Augenzeuge (Siehe dazu den Exkurs „Ein chinesischer Diplomat am Königshof von Angkor" auf S. 14.)

Angkor Thom war die mächtigste **Hauptstadt des Angkor-Reiches** und, wie der Diplomat aus China beschreibt, die Verwirklichung der Vision des letzten großen Gottkönigs, Jayavarman VII., dem die Welt viele der bedeutendsten Bauten Kambodschas zu verdanken hat. Nachdem **Jayavarman VII.** im Jahr 1181 die einfallenden Cham zurückgeschlagen hatte, begann er im gesamten Angkor-Reich, neue Monumente bauen zu lassen. Die ehrgeizigsten Baupläne des Königs führten vor allem in der Nähe von Angkor Wat zu großen Veränderungen. Jayavarman VII. ließ um ein paar ältere Tempelstrukturen herum – die Spuren einer früheren Hauptstadt – eine neue gigantische Metropole bauen, die zu ihrer Blütezeit größer als jede Stadt in Europa war. Aktuelle Satellitenfotos zeigen, dass um die Königstadt mehr als eine Million Menschen in längst verfallenen Holzbauten gelebt haben könnten.

Auch heute noch lässt sich die frühere Macht Angkor Thoms erkennen. Die Stadt ist von einer 12 km langen Mauer und einem 100 m breiten Wassergraben, einst voller Krokodile, umgeben. Fünf breite Chausseen, von jeweils 54 Göttern und Dämonen flankiert, führen über den Wassergraben zu den Eingangstoren, **gigantischen Gopuras**, durch die man eine Herde Elefanten treiben kann. Die Göt-

Petit Circuit – Kleiner Rundgang

Angkor Thom (Zentrum)

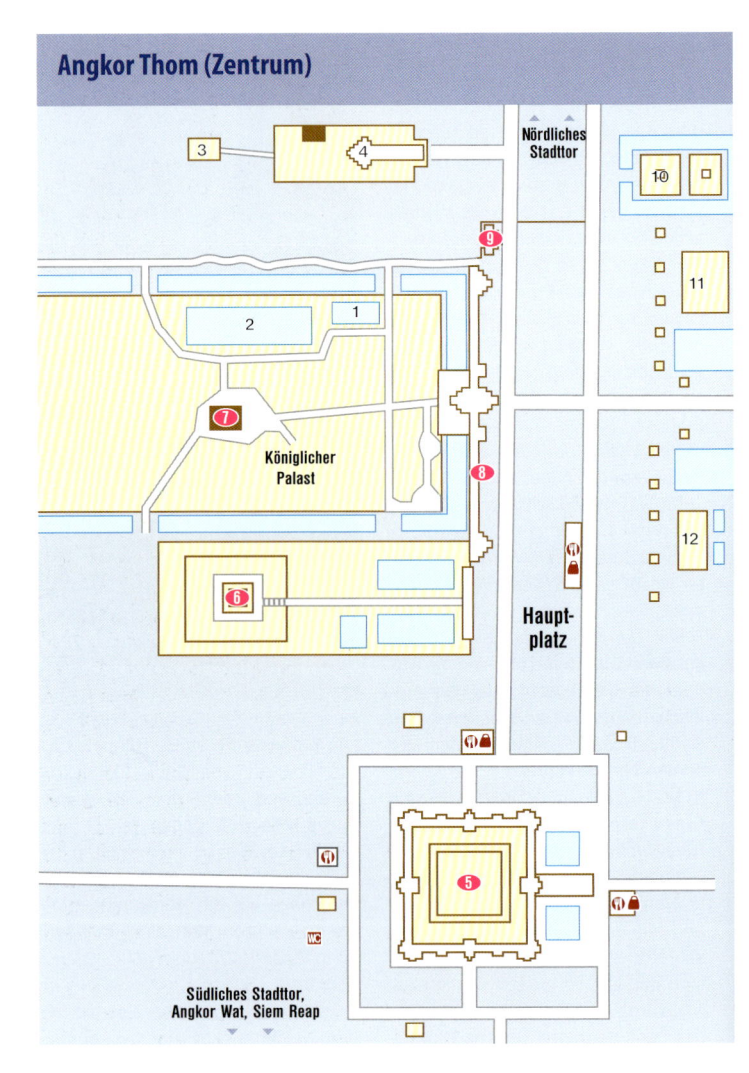

Nördliches Stadttor

Königlicher Palast

Hauptplatz

Südliches Stadttor, Angkor Wat, Siem Reap

ter stehen rechts, die Dämonen links und stützen die Balustraden, die die Chausseen säumen. Diese Geländer sind in Form von *Nagas* gestaltet – **mythischen Schlangen**, deren neun Köpfe den Anfang der Balustrade bilden. Götter und Dämonen lassen sich vor allem durch ihre Mimik unterscheiden, zudem sind die Dämonen militaristischer gekleidet. Viele der Köpfe dieser Skulpturen wurden gestohlen oder zerstört und einige sind durch Kopien ersetzt worden.

Die fünf *Gopuras* sind mit den in vier Richtungen blickenden **Gesichtern von Bodhisattwas** gekrönt und

Petit Circuit – Kleiner Rundgang 41

Preah Pithu

Siegestor, Petit Circuit
Siegesstraße

1 Bad der Konkubinen des Königs
2 Bad der Männer des königlichen Hofes
3 Preah Palilay
4 Tep Pranam
❺ Bayon
❻ Baphuon
❼ Phimeanakas
❽ Elefantenterrasse
❾ Terrasse des Leprakönigs
10 Preah Pithu
11 nördlicher Klaeng
12 südlicher Klaeng
WC Toiletten
🍴 Getränke- und Essensstände
🛍 Shopping

ten ❽ und der des **Leprakönigs** ❾ aufmarschieren konnten. Besucher kommen normalerweise zunächst durch das Südtor, um das morgens oft kleine Gruppen Affen tollen, denen man allerdings nicht zu nahe kommen sollte. Am frühen Morgen ist hier das Licht am besten. Es ist möglich, auf den Stadtmauern zu laufen oder mit dem Fahrrad zu fahren, obwohl inzwischen Schilder aufgestellt wurden, die **das Gehen auf den Mauern verbieten.** Diverse Fahrradtouren führen aber weiterhin über die mehr oder weniger gute Strecke. Vorsicht, es sind jeweils vier Kilometer von einer Ecke zur nächsten und es kann sehr heiß werden. Allerdings ist es auch sehr ruhig, da es nur wenige Besucher Angkor Thoms auf die Mauern verschlägt. Um auf die Mauer zu gelangen, ist es am besten, direkt am Südtor links hochzuklettern. Der Pfad ist dort sofort zu erkennen. Auf halbem Weg jeder der vier Mauern führt ein Weg oder eine Straße in Richtung des **Bayon** ❺.

Innerhalb der Stadtmauern lagen einst Tempel, Paläste und die Unterkünfte von Priestern, Beamten und hochrangigen Soldaten, während die normale Bevölkerung in Holzhäusern außerhalb der Stadtmauern lebte. Von hier regierte Jayavarman VII. das gesamte Angkor-Reich.

Im Zentrum von Angkor Thom steht der **Bayon** ❺, einer der monumentalsten Tempel Angkors. Hinter den königlichen Terrassen finden sich **Phimeanakas** ❼ und **Baphuon** ❻, zwei Tempel, die schon vor der Gründung Angkor Thoms existierten. Vom königlichen Palast, der aus Holz gebaut war, ist nichts mehr übrig geblieben. Es sind noch weitere kleinere Gebäudereste und Wasserbecken innerhalb der Stadtmauern zu finden.

es bleibt den Besuchern selbst überlassen, ob sie das sanfte Lächeln als einladend oder eher als warnend empfinden. Die Ostseite der Stadtmauer hat zwei Tore, das Osttor und das Siegestor, das so angelegt ist, dass Prozessionen direkt durch das Tor vor der **Terrasse der Elefan-**

Petit Circuit – Kleiner Rundgang

Angkor Thom ist mehr als die frühere Hauptstadt eines mächtigen Reiches. Angkor Thom ist auch eine **Darstellung des hinduistischen Kosmos**. Die Stadt repräsentiert das Universum, in vier Teile geteilt und durch den Bayon in Himmel und Hölle getrennt. Die Berge um den heiligen Gipfel Meru werden durch die Stadtmauer symbolisiert und der Wassergraben stellt eine Verkörperung des Urozeans dar. Experten streiten sich, ob die Götter und Dämonen auf den Chausseen zu den Toren der Stadt an den *Nagas* ziehen, um aus dem kosmischen Ozean den Nektar der Unsterblichkeit *(Amrita)* zu gewinnen – dieser zentrale hinduistische Mythos wird auch auf den Flachreliefs von Angkor Wat dargestellt – oder ob die

Das „Lächeln der Khmer"

Über 200 nahezu identische Gesichter starren von zahlreichen Türmen auf die Besucher des **Bayon** ❺ *nieder. Wo immer man sich befindet, wenn man um den Tempel flaniert oder auf der Plattform zwischen den Türmen umherläuft, hat man das Gefühl, von dem Lächeln der steinernen Gesichter verfolgt zu werden. Lange wurde debattiert,* **wessen Antlitz** *hier die Tempelbesucher beobachtet. So glaubte man zunächst, es sei Brahma, eine der drei Hauptgottheiten des Hinduismus, da dieser oft mit vier Gesichtern dargestellt wird. Andere Experten gingen davon aus, es handele sich um den Gottkönig Jayavarman VII. selbst oder um eine Verschmelzung aus dem Gottkönig und Buddha. Inzwischen ist man sich weitgehend einig, dass es sich um einen* **Bodhisattwa** *handelt. Im Mahayana-Buddhismus ist dies ein Mensch, der auf dem Weg der Erleuchtung so weit vorangekommen ist, dass er seinen Mitmenschen mit seiner Weisheit helfen kann. Weitere Gesichter von dem Bodhisattwa sind an den Toren zu Angkor Thom und an den „Gopuras" um Ta Prohm, Preah Khan, Banteay Kdei und Ta Som zu sehen.*

015ar Abb.: at

Chausseen eine Brücke zwischen der Welt der Menschen und der Götter bilden sollen.

Zu den an den *Nagas* ziehenden Steinwächtern vor den Toren vermeint eine Theorie, es seien allesamt sogenannte *Yaksas*, gigantische Dämonen, die die Stadt vor einem zukünftigen Angriff schützen sollen.

> Angkor Thom liegt knapp zwei Kilometer nördlich von Angkor Wat und ist über das südliche Eingangstor zu erreichen.

❺ Bayon ★★★ [cg]

Der Bayon ist der rätselhafteste aller erhalten gebliebenen Tempel des Angkor-Reiches. Um 1200 von Jayavarman VII. als Staatstempel im Zentrum seiner Königsstadt Angkor Thom errichtet, wurde der Bayon in den folgenden Generationen mehrfach umgebaut. Aus der Entfernung sieht der Tempel daher wie ein gigantischer, etwas chaotischer Steinhaufen aus, aber wenn man sich dem Gebäude nähert, werden nach und nach 37 Türme (ursprünglich sollen es 54 gewesen sein) unterschiedlicher Höhe sichtbar. Von jedem Turm lächeln zwei, drei oder vier gigantische Bodhisattwa-Gesichter in alle Himmelsrichtungen, mehr als 200 insgesamt. Das Innere des Tempels wurde immer wieder verändert – auch manche der Türme sind erst nach der Herrschaft Jayavarmans VII. dazugekommen – und die Galerien und kleinen Höfe bilden ein komplexes Labyrinth. Die Wände des Bayon sind mit mehr als 1,2 km Flachreliefs bedeckt, in denen über 11.000 Figuren – Menschen, Tiere, Fabelwesen und Götter – dargestellt werden. Der Bayon ist wahrlich eines der eindrucksvollsten religiösen Gebäude der Welt.

Heute liegt der Bayon in einem Verkehrskreisel, glücklicherweise ein ganzes Stück von der viel befahrenen Straße entfernt, die durch Angkor Thom führt. Dadurch wirkt der Tempel wie eine von Wald umgebene schwebende Insel. Je näher man kommt und je deutlicher sich die wunderschönen und zugleich eiskalten Gesichter aus dem Steinmeer abheben, desto stärker wird der **Eindruck von der Macht und Willenskraft**, die es gekostet hat, dieses Bauwerk zu erschaffen. Die ersten Archäologen, die den Tempel aus dem ihn umgebenden Urwald befreiten, waren der Annahme, es handle sich um einen hinduistischen Tempel aus der Zeit Yasorvarmans I., aus dem 9. Jh. also. Erst 1925 wurde klar, dass der Bayon viel später gebaut worden und ursprünglich buddhistisch gewesen war. Allein Angkor Wat übertrifft den Bayon an monumentaler Wucht.

Der Tempel

Der Grundriss des Bayon ist recht einfach, aber dennoch verwirrend. Der Tempel ist **auf drei Plattformen erbaut.** Die Mauern um die erste und zweite Plattform sind von Flachreliefs bedeckt. Die Türme mit den lächelnden Gesichtern stehen auf der dritten Plattform. Heute kann der Bayon durch jedes der vier Tore in der äußeren, fast quadratischen Mauer betreten werden. Das Osttor (1) ist allerdings der Haupteingang. Ursprünglich wurde der Bayon möglicherweise als Klosterheiligtum entworfen und erst später zu einem Tempelberg umgebaut. Ganz sicher sind sich die Experten allerdings nicht. Fest steht, dass das gegenwärtige Gebäude am Ort eines älteren Tempels steht.

Um die äußere Mauer, die von acht *Gopuras* (2) unterbrochen wird – vier Ecktürme und vier weitere Tore im Zentrum jeder Mauer –, führen vormals überdachte Galerien mit den

Petit Circuit – Kleiner Rundgang

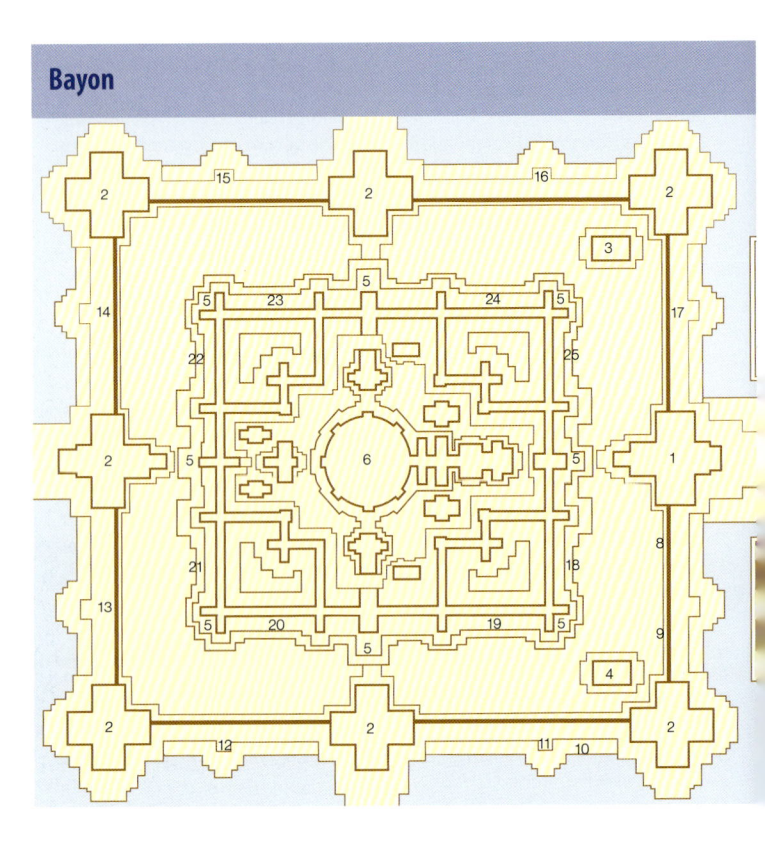

Bayon

kunstvollsten und besterhaltenen Flachreliefs des Tempels. Im Inneren findet sich **der äußere Tempelhof auf der ersten Tempelplattform**, mit jeweils einer Bibliothek rechts (3) und links (4) des Eingangs, also in der nordöstlichen und südöstlichen Ecke des Hofes. Diese beiden mit *Devatas* geschmückten Gebäude stammen aus der letzten Bauphase des Bayon im 13. Jh. Eine zweite Mauer, mit weiteren Flachreliefs, führt um die zweite Plattform. Diese Mauer geht aufgrund von späteren Veränderungen auf und ab und ist von engen, verwirrenden Korridoren umgeben. Auch die zweite Mauer wird von acht *Gopuras* unterbrochen, was den mittleren Teil des Tempels noch unübersichtlicher und labyrinthartiger erscheinen lässt. Die dritte Plattform wird von einer **runden Terrasse** gebildet – eine für die Architektur der Khmer eher untypische Bauweise. Nach den engen Gängen im unteren Bereich des Tempels befindet man sich hier in einem offenen, friedlichen und lichten Turmgarten. Der größte *Prasat*, der einzige mit acht Gesichtern, erhebt sich im Zentrum des Heiligtums. Die anderen 53 Türme scharen sich um diesen Mittelpunkt und im Hintergrund erheben sich die Baumkronen des den Bayon umgebenden Urwalds.

Petit Circuit – Kleiner Rundgang

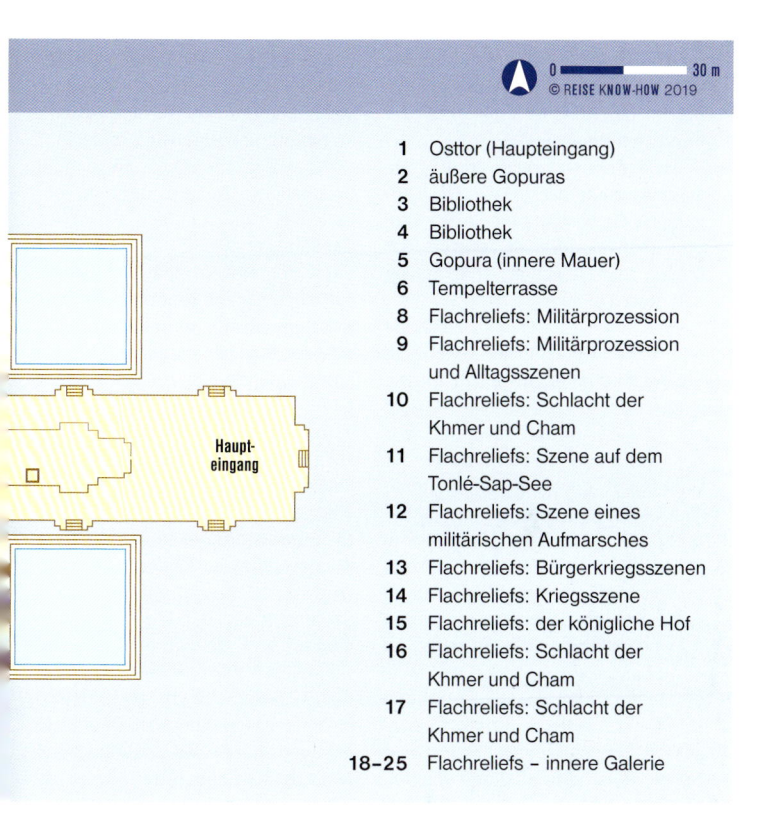

1	Osttor (Haupteingang)
2	äußere Gopuras
3	Bibliothek
4	Bibliothek
5	Gopura (innere Mauer)
6	Tempelterrasse
8	Flachreliefs: Militärprozession
9	Flachreliefs: Militärprozession und Alltagsszenen
10	Flachreliefs: Schlacht der Khmer und Cham
11	Flachreliefs: Szene auf dem Tonlé-Sap-See
12	Flachreliefs: Szene eines militärischen Aufmarsches
13	Flachreliefs: Bürgerkriegsszenen
14	Flachreliefs: Kriegsszene
15	Flachreliefs: der königliche Hof
16	Flachreliefs: Schlacht der Khmer und Cham
17	Flachreliefs: Schlacht der Khmer und Cham
18–25	Flachreliefs – innere Galerie

Beim Umherwandern eröffnet sich immer wieder ein neuer Blick auf das „Lächeln der Khmer" (siehe hierzu auch den Exkurs auf S. 42) und das Licht ist hier am frühen Morgen so gut wie am späten Nachmittag. Im Inneren des zentralen *Prasat* befand sich dereinst eine 3,6 m hohe Buddhafigur. Diese wurde im 13. Jh. während der Herrschaft Jayavarmans VIII., einem Hindukönig, der viele der buddhistischen Tempel Angkors in hinduistische Heiligtümer umwandelte und dabei zahllose Reliefs und Skulpturen zerstörte, zerschmettert und in den tiefsten Brunnen des Tempels geworfen, wo sie 1933 entdeckt wurde. Heute befindet sich der Buddha in einem Pavillon in der Nähe des Siegestores.

Die Flachreliefs

Die Flachreliefs an der äußeren Mauer bieten **einzigartige Einblicke in den Alltag der Khmer**, während auf den Reliefs an der inneren Mauer mythologische Szenen zu sehen sind. Die Reliefs sind stärker aus dem Stein herausgearbeitet, als die in den Galerien um Angkor Wat und verlaufen auf zwei oder drei Ebenen, wobei die unterste Ebene den Vordergrund der jeweiligen Szene darstellt. Es wird angenommen, dass die äußere Galerie den Untertanen zugänglich war, während der innere Teil des Tempels nur von den Staatspriestern und dem König betreten wurde.

Die **äußere Galerie** ist in acht Abschnitte eingeteilt, jeweils zwei auf jeder Seite zwischen einem Eckturm und einer *Gopura* im Zentrum der Mauer. Jeder Abschnitt ist 35 m lang und etwa 3 m hoch.

Am besten schaut man zunächst den **Südteil der östlichen Galerie** an und folgt dann den Reliefs im Uhrzeigersinn um den Tempel herum. Nicht alle Szenen wurden vollendet, was besonders in den oberen Ecken der Galerien zu erkennen ist. Die erste Galerie (8) ist in drei Ebenen unterteilt und zeigt eine militärische Prozession. Die Befehlshaber der Truppe reiten inmitten der Fußsoldaten auf Elefanten. Jayavarman VII., den man an der Anzahl der ihn schützenden Schirme erkennt, sitzt ebenfalls auf einem Elefanten, gefolgt von den Damen des Hofes. Im obersten Abschnitt marschieren mit Schild und Speer bewaffnete Soldaten, die von Musikern begleitet werden. Die Soldaten in der Ebene darunter tragen Kinnbärte und sind möglicherweise Chinesen. Die Ochsenkarren, auf denen der Proviant für die Truppen transportiert wird, sind interessanterweise heute noch in genau der gleichen Bauart in Kambodscha in Gebrauch. Am Rande der Kriegsszenen **pulsiert das Alltagsleben**. So erkennt man eine Frau, die sich über einen Kochtopf beugt, und eine andere Frau, die einem Mann eine Schildkröte reicht. Das Relief ist in der Mitte durch eine Tür unterbrochen. Auf der anderen Seite der Tür (9) geht der Kriegszug weiter. Außerdem erhält man Einblick in verschiedene Gebäude und das Leben ihrer Bewohner, so z. B. eine Gruppe Chinesen, vielleicht Händler, die sich um einen Kochtopf versammelt haben. Auf den Palmen im Hintergrund tummeln sich Affen.

Der südöstliche Eckpavillon enthält unvollendete Reliefs, darunter ein Boot, das sich über einen Winkel des Gebäudes erstreckt.

Auf den Reliefs **des Ostteils der südlichen Galerie** wird eine Schlacht zwischen den Khmer und den Cham ausgetragen (10), wahrscheinlich das entscheidende Scharmützel im Jahr 1181, nach dem der siegreiche Jayavarman VII. den Thron Angkors bestieg. Auf der obersten Ebene ist eine Palastszene zu sehen: der König umringt von Dienern, einer Tänzerin und zwei Gladiatoren. Darunter sind die Kriegsschiffe der Khmer auf ihrem Weg in die Schlacht auf dem Tonlé-Sap-See abgebildet. Die Cham kann man an ihren Helmen erkennen, die wie auf den Kopf gestellte Lotusblumen aussehen. Im Vordergrund, also am unteren Rand der Reliefs, erblickt man das Seeufer, wo sich **Alltagsszenen aus dem Leben der Khmer** abspielen. Zwei Männer grillen Fleisch über einem offenen Feuer, ein Jäger erlegt im Urwald ein Reh mit Pfeil und Bogen. In einer weiteren Waldszene hat sich ein Tiger auf einen Mann gestürzt und ist dabei, diesen zu zerreißen. In weiteren faszinierenden Bildern sucht eine Frau den Kopf ihres Mannes nach Läusen ab, während eine Mutter mit ihrem Kind spielt und eine weitere Frau ein Kind zur Welt bringt. Nach der Tür in der zweiten Hälfte der Galerie wirkt das Geschehen auf dem See friedfertiger (11). Auf den Schiffen einer riesigen Flotte drängen sich Soldaten und Musiker, eines der Schiffe ist einer chinesischen Mannschaft vorbehalten. Fischer werfen in dem von Krokodilen bevölkerten Wasser ihre Netze aus. In der untersten Ebene beherrscht wiederum der Alltag die Darstellung, man erkennt eine Obstverkäuferin und Männer, die einem Hahnenkampf zuschauen. Es folgen (unvollendete) Szenen aus dem Palastleben im oberen Teil der nächsten vier Abschnitte, in deren unterem Teil man unter anderem Schachspieler sehen kann und Gladiatoren, die gegen ein Wildschwein kämpfen. Im letzten Teil dieser Galerie kehrt der Betrachter zur Schlacht zwischen den Khmer und den Cham zurück. Auf der untersten Ebene rudern die Cham in Richtung Angkor. Es wird an Land und auf dem Wasser gekämpft und schließlich sieht man den siegreichen König in seinem Palast, wo für die Siegesfeier gegrillt und gekocht wird.

Der Westteil der südlichen Galerie (12) wurde nur in den unteren zwei Ebenen vollendet. Gezeigt wird ein riesiges Heer. Interessant ist hier besonders die Darstellung einer Wurfmaschine und gigantischer Armbrüste, gewissermaßen frühe Beispiele von Massenvernichtungswaffen. Im südwestlichen Eckpavillon finden sich keine Reliefs.

Da die weiteren Galerien allesamt unvollendet sind, kann man sehen, wie die Kunsthandwerker Angkors gearbeitet haben. Anscheinend wurden neue Reliefs zu beliebigen unkoordinierten Zeiten in verschiedenen Galerien begonnen.

Im Südteil der westlichen Galerie (13) ist zu Beginn im unteren Abschnitt eine Armee auf dem Weg durch eine Wald- und Berglandschaft zu sehen. Zwei Eremiten sind auf einen Baum geklettert, um einem Tiger zu entkommen. In der darüber liegenden Szene wird der Bau eines Tempels dargestellt. Nach der Tür im Zentrum dieses Abschnitts erkennt man eine aus Frauen und Männern bestehende Gruppe, die sich einer Truppe Bewaffneter entgegenwirft. Auf der dritten Ebene werden abgeschlagene Köpfe hochgehalten. Möglicherweise handelt es sich bei diesen Szenen um die Darstellung eines Bürgerkriegs, etwa einer Revolte im nahe gelegenen Battambang.

Im Nordteil der westlichen Galerie (14) ist eine weitere Kriegsszene abgebildet. Eine flüchtende Armee wird von den Gegnern verfolgt; die Kämpfer stürmen an einem See entlang, in dem gerade ein Reh von einem Krokodil verschlungen wird. Der Nordwestpavillon ist nicht dekoriert.

Im Westteil der nördlichen Galerie (15) erkennt man den König, der inmitten von Musikern, Fechtern und Ringern, einem Seiltänzer und einem Jongleur Hof hält. Eine Reihe

△ *Flachreliefs an der äußeren Galerie der Ostseite im Bayon-Tempel*

von Tieren, darunter Nashörner und Büffel, sind in der untersten Ebene dargestellt. Im Zentrum der Galerie, in der Nähe der Tür, schmücken zwei von Flüssen umgebene Paläste die Wand. Kämpfe zwischen den Khmer und den Cham bebildern die zweite Hälfte dieser Galerie.

Vom Ostteil der nördlichen Galerie (16) ist nicht viel erhalten, ein Großteil der Mauer ist zusammengebrochen. Szenen einer Schlacht zwischen den Khmer und Cham, in der die Cham das Geschehen dominieren, sind erkennbar. Den nordöstlichen Eckpavillon ziert ein Aufmarsch von Soldaten und Elefanten.

Der nördliche Abschnitt der östlichen Galerie (17), der letzten auf dem Rundweg also, ist wiederum den kriegerischen Auseinandersetzungen zwischen den Khmer und den Cham gewidmet. Im Zentrum der Galerie tobt die Schlacht am heftigsten.

Die inneren Galerien sind in viele kleine Abschnitte eingeteilt, die Wände werden durch *Gopuras,* Türen und Zellen unterbrochen. Nicht nur auf den Wänden, sondern auch in den Ecken und Erkern der engen Galerien sind die Reliefs zu bewundern. Szenen aus der hinduistischen Mythologie und den Epen der Hindus wechseln sich hier ab – die genaue Bedeutung vieler Bilder bleibt uns heute verborgen.

Im Südteil der östlichen Galerie (18) befindet sich zwischen zwei Türmen ein Tableau, das Eremiten und Tiere im Wald zeigt. Ein Palast, in dem Shiva von Asketen umgeben residiert, schließt sich an. Darüber sind Jagdszenen und *Apsaras* in Stein gehauen und auf der nächsten Wand werden Cham-Soldaten von Khmer-Generälen geführt.

Im Südostpavillon marschieren Krieger hinter dem auf einem Elefanten reitenden militärischen Führer hinterher. Auch die erste Wand am **Ostteil der südlichen Galerie** (19) zeigt eine Armee, die einem General folgt. Garuda und ein großer Fisch am Fuße des Berges Meru, zwei Prinzessinnen, die sich in ihren Palästen im Spiegel betrachten, und ein König im Kampf mit einem Löwen bevölkern diesen Teil der Galerie. Zwischen dem östlichen und dem mittleren Turm wird die Geschichte von Pradyumna, einem Sohn Krishnas, erzählt. Pradyumna wird von einem Dämon ins Meer geworfen, von einem Fisch verschlungen und von Fischern, die den gefangenen Fisch aufschneiden, gerettet. **Im Westteil der südlichen Galerie** (20) sind diverse Szenen mit den Göttern Shiva und Vishnu im Mittelpunkt zu erkennen. An der ersten Wand ist Shiva, umgeben von seinen Gefolgsleuten, gleich zweimal abgebildet: einmal auf einem Thron und dann auf einer Lotusblume sitzend. Auf dem Tableau, das sich bis zum südwestlichen Turm erstreckt, ist Shiva allgegenwärtig. Im Zentrum dieser Wand allerdings taucht Vishnu auf, umgeben von fliegenden *Apsaras*.

Im Südwestturm sind auf zwei übereinander liegenden Ebenen marschierende Truppen und Frauen in einem Palast zu erkennen.

Im Südteil der westlichen Galerie (21) ist zunächst ein vierarmiger Vishnu auf seinem Reittier Garuda zu sehen, der eine Gruppe Dämonen bekämpft. Zwischen dem südlichen und dem mittleren Turm in der Tempel-

▷ *Blick auf die inneren Galerien des Bayon-Tempels*

Petit Circuit – Kleiner Rundgang

mauer erstreckt sich über drei Ebenen hinweg eine Szene vom Bau eines Tempels. Den Abschluss in diesem Teil bildet ein Bootsrennen.

Im Nordteil der westlichen Galerie (22) erzählt das größte Flachrelief die Geschichte vom Aufquirlen des Milchozeans, die auch in einem der großartigsten Reliefs in Angkor Wat dargestellt wird. Götter und Dämonen ziehen von beiden Seiten an einer *Naga*, einer Schlange, die sich um den heiligen Berg Meru windet. Durch das Hin- und Herbewegen des Berges, hier unterstützt vom Affenkönig Hanuman, wird *Amrita* gewonnen, der Nektar der Unsterblichkeit.

Soldaten marschieren in den Reliefs im Nordwestturm. In der **nördlichen Galerie** sind wiederum Götter aus der hinduistischen Mythologie zu sehen. Die besterhaltene Szene ist an der Wand östlich des mittleren Turmes zu finden (23). Shiva reitet umgeben von Musikern und *Apsaras* auf einem *Nandi* (heiligen Bullen), seine Frau Uma an seiner Seite. Eine Szene aus dem *Mahabharata* schließt sich an, in der Shiva und Arjuna sich um ein von ihnen erlegtes Wildschwein streiten. Und schließlich folgt eine Schlüsselszene aus dem *Ramayana* (einer ursprünglich indischen, in Südostasien verbreiteten Dichtung) in welcher der wütende Dämonengott Ravana, der nicht weniger als zehn Köpfe, zwanzig Arme und vier Beine hat – versucht, den Berg Kailash zu rütteln, auf dem Shiva mit zwei Begleitern sitzt (24).

Im Nordostturm sind weitere marschierende Truppen zu betrachten. **Im Nordteil der Ostgalerie** (25) sind vor allem einige Szenen im letzten Abschnitt von Interesse – hier wird die **Sage vom Leprakönig** erzählt. In der ersten Szene bekämpft der König eine Schlange, während seine Untertanen zusehen. Die Schlange speit ihr Gift auf den König, worauf dieser an Lepra erkrankt. Im nächsten Bild sitzt der König in seinem Palast, während seine Diener in den Wald eilen, um bei Einsiedlern Rat einzuholen. Frauen umringen den König und betrachten seine Hände. In der letzten Szene liegt der kranke König von einem Asketen bewacht auf dem Boden. Damit ist der Rundgang abgeschlossen und man befindet sich wieder an der östlichen *Gopura*.

› Die Hauptstraße von Angkor Wat führt direkt zum Bayon, im Zentrum Angkor Thoms gelegen.

❻ Baphuon ★★ [cg]

Der chinesische Diplomat Chou Ta-Kuan nannte den Baphuon einst einen Turm aus Bronze und beschrieb diesen gigantischen Tempelberg als eines der Wunder Angkors. Der Baphuon wurde Mitte des 11. Jh. während der Herrschaft Udayadityavarmans II. erbaut. Die aufregende Geschichte des Gebäudekomplexes beginnt noch vor der Gründung von Angkor Thom und reicht bis in die Gegenwart.

Der ursprünglich Shiva geweihte Baphuon wurde auf einem hohen Fundament errichtet, das **den mythischen Berg Meru** symbolisiert. Der Tempel ist von einer rechteckigen Sandsteinmauer umgeben. In der Mitte der Ostseite der Mauer steht eine große *Gopura,* von der eine schmale Chaussee über den Innenhof des Tempels zum Heiligtum führt. Auf der linken Seite der Chaussee, die durch einen kleinen Pavillon verläuft, befindet sich ein künstliches Wasserbecken. Am Ende der Chaussee tritt man in eine weitere mit Flachreliefs ausgeschmückte *Gopura,* die Teil einer zweiten Mauer ist, die um das Heiligtum führt und die Berge um den heiligen Gipfel Meru symbolisiert.

Der *Prasat* stand einst auf fünf Plattformen, auf denen vor allem auf der Westseite sehr schöne Flachreliefs zu sehen sind. Sie stellen **Geschichten aus den hinduistischen Epen** *Ramayana* (von den Khmer *Reamker* genannt) und *Mahabharata* dar sowie alltägliche Szenen wie die Jagd oder Musikdarbietungen. Allerdings ist der zentrale Turm längst verschwunden. Er wurde wahrscheinlich im 15. Jahrhundert abgerissen, um Baumaterial für einen 70 Meter langen liegenden Buddha an der Westseite des Tempels zu erhalten, denn auch dieses Heiligtum wurde, wie viele andere Tempel in Angkor, vom Hinduismus zum Buddhismus umgewidmet.

In den 1960er-Jahren begannen **französische Archäologen** den Tempel in seine Bestandteile zu zerlegen. Alle Steine wurden nummeriert. Als die Roten Khmer 1972 die Arbeit in den Tempeln durch Angriffe auf die Bevölkerung und Arbeiter unmöglich machten und **die Wissenschaftler fliehen mussten**, gingen sämtliche Unterlagen verloren. Anfang der 1990er-Jahre begannen Experten, die nummerierten Steine zu sortieren und wieder zusammenzubauen. Im Jahr 2011 endete die Restaurierung und seitdem ist die von Wald umgebene und am Nachmittag sehr stimmungsvoll wirkende Ruine Besuchern zugänglich.

› Der Baphuon liegt 200 m nordwestlich vom Bayon in Angkor Thom.

❼ Phimeanakas ★★ [cf]

Im späten 10. und frühen 11. Jh. während der Herrschaft Rajendravarmans II. erbaut und von späteren Königen, vor allem Suryavarman II., erweitert, diente der Phimeanakas einst als Tempel des Königs und befand sich im privaten Bereich der königlichen Familie. Der Tempel ist somit älter als Angkor Thom und lag einst in der Hauptstadt Yasodharapura, deren Lage sich mit Angkor Thom überschnitt. Der chinesische Diplomat Chou Ta-Kuan beschrieb das Gebäude als einen goldenen Turm.

Eine Sage behauptet, dass einst ein Geist, eine *Naga* oder ein Genie in der Gestalt einer Frau in diesem Tempel lebte. Der König musste sich jede Nacht mit diesem Geist vereinigen,

Petit Circuit – Kleiner Rundgang 51

bevor es ihm erlaubt war, seine Ehefrauen und Konkubinen zu besuchen. Sollte er auch nur eine **Liebesnacht mit dem Geist** im Phimeanakas verpassen, so hieß es, würde er sterben.

Der Tempel war einst von zwei Mauern umgeben. Erhalten ist eine verwitterte Tempelpyramide mit drei Plattformen aus Ziegeln und Laterit, die man am besten über die westliche Treppe erklimmt. Zu früheren Zeiten standen an den Ecken der Plattformen steinerne Elefanten, von denen allerdings nicht viel geblieben ist. Der *Prasat* auf der obersten Plattform ist ebenfalls nicht mehr vorhanden. Der **Blick von oben über den Baphuon und Angkor Thom** lohnt die Anstrengung dennoch. Nördlich des Phimeanakas befinden sich die königlichen Bäder. Das kleinere Bad diente einst den Frauen, das größere, weiter westlich liegende Bad den Männern des Hofes. Hier bleibt es auch an geschäftigen Tagen sehr ruhig.

› Der Phimeanakas liegt direkt hinter der Terrasse der Elefanten, 100 m nördlich vom Baphuon in Angkor Thom.

❽ Die Elefantenterrasse ★★★ [cf]

Die Elefantenterrasse ist eine 300 m lange und 2,5 m hohe Plattform, die dem König und seinen Untertanen als Tribüne diente. Hier wurden Prozessionen, Zeremonien und Wettbewerbe veranstaltet. Es ist nicht sicher, wann dieses Bauwerk entstand. Fest steht, dass Jayavarman VII., Angkors letzter großer Gottkönig, Ende des 12. oder Anfang des 13. Jh. Änderungen vornahm.

Die Vorderseite des Fundaments der zweistöckigen Terrasse ist mit fast lebensgroßen berittenen Elefanten, Löwen und Garuda geschmückt. An der südlichen Treppe wachen **dreiköpfige Elefanten**, die Lotusblumen in ihren Rüsseln halten, während die mittlere Treppe mit Garuda-Statuen bestückt ist, welche die Treppe zu stützen scheinen.

Auf der Elefantenterrasse stand vermutlich einst ein hölzerner Pavillon. Wie diese Konstruktion genau aussah, ist ungewiss, obwohl berichtet wird, dass die Innenseiten des Pavillons mit Spiegeln verkleidet waren. Von hier konnten der Hof und – von einem Seitenflügel aus – das Volk Militärparaden, Büffelkämpfe und Pferderennen beobachten.

› Die Elefantenterrasse erstreckt sich nördlich des Bayon vor dem königlichen Palast vom Baphuon bis zur Terrasse des Leprakönigs.

❾ Die Terrasse des Leprakönigs ★★★ [cf]

Die Terrasse des Leprakönigs ist auf den ersten Blick eher unspektakulär. 25 m lang und im späten 12. Jh. während der Herrschaft Jayavarmans VII. gebaut, ist das Fundament allerdings reichlich mit Reliefs mythischer Wesen dekoriert – darunter Garuda-Figuren und Nagas.

Auf der Terrasse selbst steht eine rätselhafte und mysteriöse Statue, die als Leprakönig bezeichnet wird. Im Gegensatz zu anderen Skulpturen dieser Art ist der Leprakönig nackt. Es gibt eine Reihe **Erklärungen zur Identität** dieser eindrucksvollen Statue. Manche Experten meinen, die Terrasse sei einst für königliche Verbrennungen genutzt worden und die Skulptur stelle Yama, den Herrn der Toten, dar. Andere vermuten, dass es sich entweder um die hinduistische Gottheit Kubera oder den König Yasovarman I. handeln könnte, die beide Lepra gehabt haben sollen. Wieder andere Historiker sind der Meinung, hier würde eine Kombination aus dem Gottkönig Jayavarman VII. und Buddha dargestellt.

In den späten 1990er-Jahren entdeckten Archäologen eine zweite Fassade der Terrasse des Leprakönigs, die hinter der späteren, heute sichtbaren Vorderseite der Terrasse versteckt lag. Inzwischen wurde ein langer Korridor zwischen der ersten und der zweiten Mauer gezogen, durch den man nun gehen und mehrere Ebenen von Reliefs teils recht grotesk aussehender **Tänzer und Dämonen** bewundern kann. Die bedrohlichen Gesichter der Skulpturen haben in dem engen Korridor eine ganz besondere Wirkung.

Übrigens, die Statue auf der Terrasse des Leprakönigs ist eine Kopie. Das Original steht im Hof des Nationalmuseums in Phnom Penh.

› Die Terrasse des Leprakönigs liegt ein paar Meter nördlich der Elefantenterrasse, direkt an der linken Straßenseite in Angkor Thom.

Auf der Terrasse des Leprakönigs in Angkor Thom

❿ Weitere Gebäude in Angkor Thom ★ [cf/cg]

Zur Blütezeit der Stadt mögen innerhalb ihrer Mauern um die 100.000 Menschen gelebt haben. Da die Wohnhäuser der Khmer aus Holz waren, ist heute bis auf kleinere Gebäudereste neben den Haupttempeln nichts mehr von ihnen übrig.

Im Nordwesten von Angkor Thom, hinter dem Palastkomplex, befindet sich **Preah Palilay** (3, s. S. 40), ein kleiner Tempelturm mit buddhistischen Reliefs in der östlichen *Gopura*. Ebenfalls im Nordwesten der Stadt liegt **Tep Pranam** (4, s. S. 40), eine kleine Chaussee mit einer großen Buddhastatue, die einst unter einem längst verschwundenen Holzdach zu finden war. Dieser nicht sehr gut erhaltene Tempel stammt entweder aus dem späten 12. Jh., also der Herrschaftszeit Jayavarman VII., oder aus dem 14. Jh.

Im Nordosten Angkor Thoms liegt die **Preah-Pithu-Tempelgruppe** (10, s. S. 40) – fünf kleine, kaum besuchte Tempel aus der Mitte des 10. Jh., die in der Zeit von Jayavarman VII. umgebaut wurden. Neben den *Prasats*, die in keinem sonderlich guten Zustand sind – lediglich einige Reliefs von *Apsaras* sind noch erhalten –, befinden sich ein von Steinelefanten flankierter, kleiner Teich und zwei Terrassen.

Wer Angkor Thom auf der Straße zum Siegestor verlässt, fährt zwischen zwei sogenannten **Kleangs** (11, 12, s. S. 40) hindurch – das sind rechteckige Gebäude aus dem späten 10. oder frühen 11. Jh., die einst möglicherweise als Speicher, Empfangshallen oder Rasthäuser für auswärtige Diplomaten dienten.

› Kleinere Gebäude liegen über das gesamte neun Quadratkilometer große Areal der Hauptstadt verstreut.

⓫ Chau Say Tevoda ★ [cg]

Dieser kleine Tempel aus dem frühen 12. Jh. wurde in den letzten Jahren restauriert. Mehr als 4000 Bauelemente wurden aus dem nahen Fluss und der Uferböschung geborgen und in die Tempelstruktur reintegriert.

Chau Say Tevoda, der während der Herrschaft Suryavarmans II., des Erbauers von Angkor Wat, errichtet wurde, enthält **sowohl hinduistische als auch buddhistische Reliefs**. Der Tempel war früher von einer Lateritmauer umgeben und hatte einen Wassergraben. Auf der Tempelplattform stehen zwei Bibliotheken und das zentrale Heiligtum. Einst gab es zu dem Gebäude vier *Gopuras* oder Eingangstore, die größtenteils verfallen sind. Das Heiligtum steht noch und ist mit der östlichen *Gopura* durch einen Steinkorridor verbunden. Von der östlichen Gopura führte einmal ein erhöhter Fußweg zum Siem-Reap-Fluss.

Die Reliefs an der Außenmauer des Heiligtums und des Korridors sind beeindruckend, vor allem die sehr schön dargestellten *Apsaras*.

› Der Tempel liegt auf der rechten Straßenseite, gleich nachdem man Angkor Thom durch das Siegestor (Osttor) verlassen hat.

⓬ Thommanon ★ [cg]

Genau wie Chau Say Tevoda, wurde dieser kleine, in den 1960er-Jahren restaurierte Tempel Ende des 11. oder Anfang des 12. Jh. während der Herrschaft Suryavarmans II. **im Stil von Angkor Wat** erbaut.

Der Hindutempel war ursprünglich von einer Lateritmauer und einem Wassergraben umgeben, von denen heute nicht mehr viel übrig ist. Die Reliefs, sowohl am zentralen *Prasat* als auch an der Tempelplattform selbst, sind **in sehr gutem Zustand**. Zwei *Gopuras*, die den westlichen und östlichen Eingang des Tempels bilden, sind ebenfalls gut erhalten.

› Thommanon liegt auf der linken Straßenseite, kurz nachdem man Angkor Thom durch das Siegestor (Osttor) verlassen hat, direkt gegenüber von Chau Say Tevada.

⓭ Ta Keo ★★★ [cg]

Einfach, aber monumental – Ta Keo, im späten 10. und frühen 11. Jh. während der Herrschaft Jayavarmans V. errichtet, war der erste Tempel des Angkor-Reiches, der komplett aus Sandstein gebaut wurde.

Ta Keo ist ein 22 m hoher Tempelberg, der den Berg Meru aus der hinduistischen Mythologie versinnbildlicht. Der Tempel wurde nie ganz vollendet und Experten sind sich nicht sicher, was wohl die Gründe dafür waren. Besuchern wird auffallen, dass Ta Keo **keinerlei Dekorationen** aufweist. Dies verleiht dem Gebäude eine ganz andere Ausstrahlung als den anderen großen Tempeln im Angkor Archaeological Park – Ta Keo ist ein quadratischer, wuchtiger Steinhaufen ohne Schnörkel. Am beeindruckendsten ist die Größe der Sandsteine, die von den Steinmetzen der Khmer perfekt geschnitten, dann kilometerweit transportiert und schließlich mit größter Präzision positioniert wurden.

Ta Keo ist von zwei Mauern umgeben, die jeweils durch vier *Gopuras* zu durchschreiten sind. Die **fünf Prasats** stehen eng aneinander gebaut auf einer dreistöckigen Plattform und sind über vier sehr steile Treppen zu erreichen. Der Turm in der Mitte ist zugleich der höchste. Von hier aus ist es möglich, bis über die Baumkronen zu blicken. Da Ta Keo nicht von Bäumen geschützt wird und selbst auch kaum Schatten spendet, glühen die Steine tagsüber fast und ein Besuch empfiehlt sich für den späten Nachmittag.

› Wer Angkor Thom durch das Siegestor (Osttor) verlässt, findet Ta Keo nach 500 m auf der linken Straßenseite.

⓮ Ta Prohm ★★★ [cg]

Der „Dschungeltempel" Ta Prohm wurde in der zweiten Hälfte des 19. Jh. von den Franzosen „wiederentdeckt". Als die Archäologen begannen, diesen gigantischen Tempelkomplex aus dem 12. Jh. zu restaurieren, entschied man, die Dschungelpflanzen stehen zu lassen, die in und um den Tempel herangewachsen waren, was Ta Prohm ein ganz besonderes Flair verleiht. Heute ist der Tempel, einer der größten in Kambodscha, eine der Hauptattraktionen des Angkor Archaeological Park und hat leider aufgrund der hohen Besucherzahlen etwas von seiner Exotik eingebüßt. Dennoch ist diese weitläufige Ruine ein wahrer Traum aus Stein und es ist noch immer möglich, ruhige Ecken in dem Areal zu finden, dass während der Herrschaft Jayavarmans VII. von mehr als 80.000 Menschen unterhalten wurde.

Wegen des Rummels am Westtor (Restaurants, Souvenirläden und geschäftstüchtige Kinder), durch das die meisten Besucher den Tempelkomplex betreten, könnte man sich von seinem Fahrer am **Westtor** absetzen lassen, von hier aus den Tempel durchqueren und sich dann am Osttor wieder abholen lassen.

Die französischen Archäologen ließen den Dschungel um den Tempel stehen, damit spätere Besucher denselben Eindruck bekommen wie die ersten Forscher und Abenteurer aus dem Westen, die sich wochenlang mühsam durch die Wildnis gekämpft hatten, bis sie die Ruinen erreichten. Ta Prohm ist kein Tempelberg. Der Komplex setzt sich aus schier endlosen Reihen von Mauern, kleineren Gebäuden, Galerien und Korridoren zusammen, die sich um das zentrale **Heiligtum des Tempels** gruppieren. Die Größe und Unübersichtlichkeit des Geländes, der wuchernde Dschungel und das nie verstummende Zirpen der Grillen, verleihen der Ruine eine ausgesprochen **romantische und geheimnisvolle Ausstrahlung**. Das mag auch der Grund gewesen sein, warum einige Schlüsselszenen des Hollywoodfilms „Lara Croft: Tomb Raider" mit Angelina Jolie hier gedreht wurden.

Man kann sich leicht in dem Labyrinth der äußeren Galerien verlaufen und an fast jeder Ecke wird man von *Apsaras* und *Devatas* begrüßt, die von kleinen *Prasats* oder Mauern herablächeln. Die Durchgänge sind eng, viele der Türme und Mauern stehen sehr nahe aneinander. Daher gelingt es nur schwer, die Dimensionen des Areals zu erahnen, zumal viele Mauern und Türme inzwischen aufgrund der **riesigen Würgefeigen**, die von den Steinen herab in den Boden wuchsen und Wurzeln schlugen, geborsten oder eingestürzt sind.

Im 12. Jh. unterstanden dem Tempel mehr als 3000 Dörfer. Eine in Stein überlieferte Sanskrit-Inschrift informiert uns über den Reichtum des Tempels. Ta Prohm beschäftigte 18 Priester, 2740 Verwalter, 2202 Assistenten und 615 Tänzerinnen. Der Tempel war der Mutter Jayavarmans VII. gewidmet und ungemein reich: Der **Tempelschatz** soll unter anderem aus 40.000 Perlen, 876 Schleiern aus China, 523 kostbaren Sonnenschirmen, 35 Diamanten und zwei Schüsseln aus Gold, die zusammen 500 Kilogramm wogen, bestanden haben.

Die äußere Mauer des Tempels ist 3,6 Kilometer lang. Der Tempel selbst ist von drei weiteren Mauern umgeben. Wer von Osten kommt, durchschreitet zunächst die zweite Mauer (11) durch eine *Gopura* (1). Direkt vor dem Besucher liegt eine große Terrasse, die sogenannte Halle der Tänzerinnen (2). Etwas nördlich der Terrasse steht eine aus Sandstein auf Säulen erbaute Halle (3) mit sehr schönen Reliefs von tanzenden *Apsaras*. Eine weitere *Gopura* (4) führt durch eine dritte Mauer in einen äußeren Tempelhof, in dem sich unzählige kleine Gebäude befinden. Diese östliche *Gopura* steckt **im Würgegriff eines gigantischen Feigenbaums** und seiner Luftwurzeln. Weitere riesige Bäume sprießen aus Mauern in anderen Teilen des Tempels. Mittlerweile hat man zwischen den Gängen und Galerien Holzstege angelegt und es ist nicht gestattet, über die Mauern im Tempelinneren zu klettern. Einige Teile des Tempels sind deshalb leider nicht mehr zu betreten. Was

Ein Traum aus Stein – der „Dschungeltempel" Ta Prohm

Petit Circuit – Kleiner Rundgang

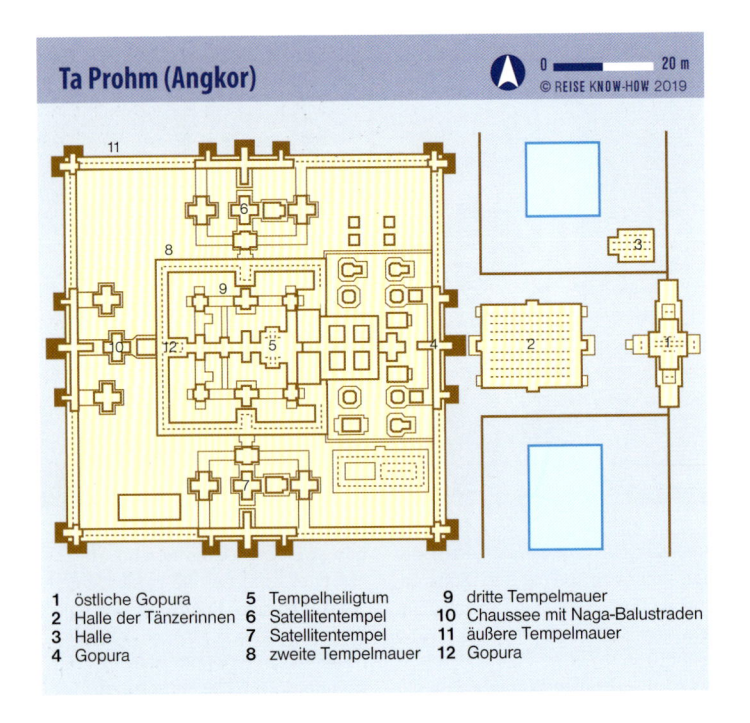

Ta Prohm (Angkor)

1 östliche Gopura
2 Halle der Tänzerinnen
3 Halle
4 Gopura
5 Tempelheiligtum
6 Satellitentempel
7 Satellitentempel
8 zweite Tempelmauer
9 dritte Tempelmauer
10 Chaussee mit Naga-Balustraden
11 äußere Tempelmauer
12 Gopura

genau die Apsara Authority mit Ta Prohm vorhat, ist ungewiss, denn die gegenwärtigen **Restaurationsarbeiten** an der Westseite und im Inneren des Tempels drängen den Dschungel immer weiter zurück, wodurch das einzigartige Flair zunehmend verloren geht. Dennoch gibt es viel zu sehen.

Von fast jeder Wand lächeln *Apsaras* und *Devatas*. Szenen aus dem Leben Buddhas sind in den Galerien innerhalb der zweiten Mauer ebenfalls zu bewundern. Im innersten Heiligtum des Tempels (5) gibt es keine Reliefs, weshalb man es leicht übersehen kann. Weitere Innenhöfe (6, 7), früher Nebentempel, südlich und nördlich vom Zentrum sind ebenfalls einen Besuch wert. Auch hier sind viele Wände mit zauberhaften, teilweise mit Moos überwachsenen *Devatas* dekoriert. Westlich des Sanktums durchschreitet man eine weitere *Gopura* (12), wovon eine von *Nagas* gesäumte Straße (10) ausgeht. Bis vor wenigen Jahren war dies mehr oder weniger ein Steinfeld, aber inzwischen ist die Chaussee mit vielen neuen Steinen wiederaufgebaut.

Von hier aus führt der Weg etwa 500 Meter durch den Wald. Seit mehr als zwanzig Jahren sitzt hier jeden Tag ein kleines, traditionell kambodschanisches Orchester am Wegrand. **Die Musiker sind Minenopfer** und leben vom Verkauf ihrer CDs. Durch eine weitere eindrucksvolle *Gopura*, gekrönt von vier lächelnden Gesichtern von *Bodhisattwas*, gelangt man auf die Straße.

2011 fanden indische Archäologen eine 2,40 m hohe **Buddhastatue bei**

Petit Circuit – Kleiner Rundgang

Ta Prohm. Die Steinstatue aus dem 12. Jahrhundert, der größte Fund im Angkor Archaeological Park seit 80 Jahren, lag Jahrzehnte unter den Wurzeln eines Baumes begraben und wurde von schweren Regenfällen teilweise freigelegt. Die ursprünglich um die vier Meter hohe Statue stellt möglicherweise den Gottkönig Jayavarman VII. dar.

❯ Wer vom Siegestor in Angkor Thom kommt, findet Ta Prohm einen Kilometer südlich von Ta Keo auf der linken Straßenseite.

⓯ Banteay Kdei ★★ [dg]

Dieses Klosterheiligtum, das Mitte des 12. bis Anfang des 13. Jh. während der Herrschaft Jayavarmans VII. erbaut wurde, **ähnelt Ta Prohm im Baustil**, ist aber wegen minderwertiger Baumaterialien heute in sehr viel schlechterem Zustand als der größere Dschungeltempel. Das Gelände wirkt daher sehr chaotisch.

Einst war der Tempel von zwei Lateritmauern und einem Wassergraben umgeben. Die vier äußeren *Gopuras* im Bayon-Stil mit den Gesichtern von *Bodhisattwas* sind erhalten. Wenn man durch die östliche *Gopura* eintritt, steht man auf einer Terrasse, die die Halle der Tänzerinnen genannt wird. Weiter westlich erhebt sich eine *Gopura,* die in das **innere Heiligtum des Tempels** führt und Teil der inneren Tempelmauer ist. Auf der Innenseite dieser Mauer sind Reliefs, unter anderem von *Apsaras,* zu entdecken. Zwei Bibliotheken stehen an der Ostseite des Hofs.

Im inneren Tempelhof stößt man auf den verfallenen, von Galerien und Türmen umgebenen Hauptturm. Dieser Tempelkomplex wird kaum besucht und zurzeit wird restauriert, sodass stellenweise gesperrt sein kann. Die zahlreichen Fledermäuse, die in den Türmen hausen, stört das nicht.

Direkt neben Banteay Kdei liegt **das Baray Srah Srang.** Dieses kleine Wasserreservoir wurde im 10. Jh. ausgehoben und während der Zeit Jayavarmans VII. im 12. Jh. erweitert. Im Westen des Reservoirs ist ein Landungssteg mit Naga-Balustraden zu bewundern. Im Zentrum des *Baray* finden sich die Überreste eines Tempels, der nur während der Trockenzeit zu sehen ist.

❯ Banteay Kdei befindet sich auf dem Grand Circuit zwischen Ta Prohm und Pre Rup auf der linken Straßenseite. Srah Srang liegt ein paar Meter weiter.

⓰ Prasat Kravan ★★ [dg]

Prasat Kravan ist ein kleiner Hindutempel aus dem frühen 10. Jh., der während der Herrschaft von Harshavarman I. anscheinend nicht im Auftrag vom König selbst, sondern im Namen seiner Höflinge gebaut wurde. Prasat Kravan liegt etwas abseits der Straße und wird wenig besucht, was schade ist, denn die Skulpturen in zwei der fünf Türme, die auf einer Terrasse aus Laterit in einer Reihe stehen, sind aus Ziegeln gefertigt. Am äußeren Fenstersturz des Südturms ist Vishnu auf Garuda reitend zu sehen. Im Nordturm zeigt das Relief **Lakshmi, die Göttin des Reichtums,** und im Hauptturm steht ein *Linga.* Die Reliefs in diesem Turm zeigen Vishnu in drei verschiedenen Situationen. Es wird spekuliert, dass diese Skulpturen einst mit Gips verputzt und bemalt waren.

❯ Von Ta Prohm kommend sollte man direkt nach Banteay Kdei rechts abbiegen, Prasat Kravan liegt einige Hundert Meter weiter auf der rechten Seite.

Grand Circuit – Großer Rundgang

Der Grand Circuit oder Große Rundgang wurde wie auch der kleinere Rundgang von den ersten Besuchern auf den Rücken von Elefanten bewältigt. Der 26 Kilometer lange Rundweg beginnt bei Angkor Wat, führt an Phnom Bakheng vorbei durch Angkor Thom, das man durch das Nordtor verlassen sollte. Die Straße passiert den kleinen, attraktiven Tempel Ta Som und überquert das ausgetrocknete östliche *Baray*. Der östliche Mebon, Pre Rup, Banteay Kdei, Prasat Kravan und der große überwachsene Tempelkomplex Preah Khan sind die wichtigsten Tempel auf dieser Strecke bevor man Angkor Wat erneut erreicht. Wer drei Tage Zeit hat, kann eine Kombination beider Rundgänge in aller Ruhe genießen.

◸ *Die beeindruckende Säulenhalle von Preah Khan*

⑰ Preah Khan ★★★ [cf]

Preah Khan, im späten 12. Jahrhundert während der Herrschaft von Jayavarman VII. erbaut und in den folgenden Jahrhunderten erweitert, ist eines der schönsten Klosterheiligtümer im Angkor Archaeological Park. Obwohl anscheinend bis ins 17. Jh. hinein Mönche hier gelebt haben, wurde Preah Khan weitgehend vom Dschungel verschluckt. Im Gegensatz zu dem von der Bauart ähnlichen, aber bekannteren und häufiger besuchten Dschungeltempel Ta Prohm, ist Preah Khan eine Oase der Ruhe, die weitaus weniger durch Reisegruppen gestört wird.

Preah Khan ist **weitläufig und labyrinthisch.** Man sollte viel Zeit mitbringen und den Besuch dieses Tempels mit einem Abstecher zu dem nebenan gelegenen Neak Pean verbinden. Am besten betritt man den Tempel durch den Osteingang.

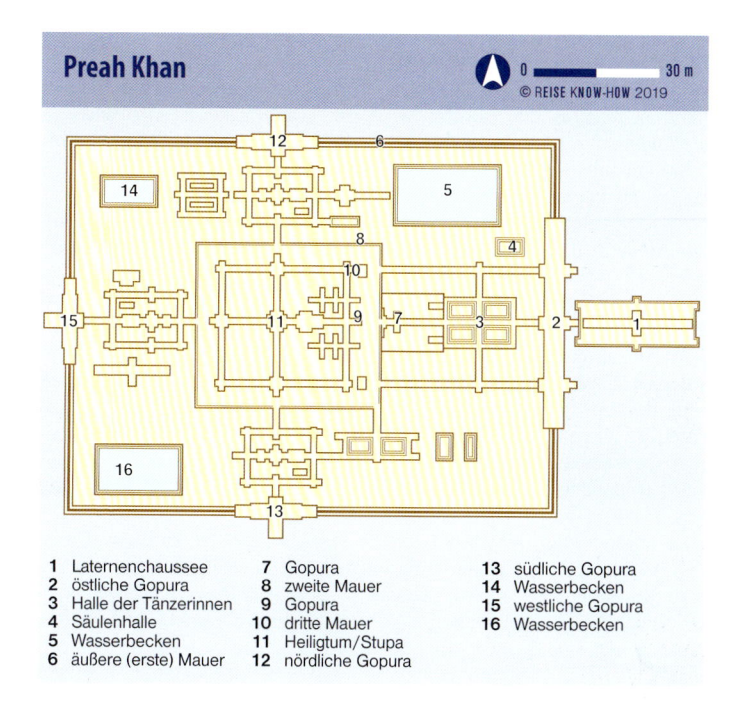

Grand Circuit – Großer Rundgang

Preah Khan

1 Laternenchaussee
2 östliche Gopura
3 Halle der Tänzerinnen
4 Säulenhalle
5 Wasserbecken
6 äußere (erste) Mauer
7 Gopura
8 zweite Mauer
9 Gopura
10 dritte Mauer
11 Heiligtum/Stupa
12 nördliche Gopura
13 südliche Gopura
14 Wasserbecken
15 westliche Gopura
16 Wasserbecken

Von der Straße aus geht man auf einer breiten, von wuchtigen steinernen Laternen gesäumten Chaussee (1) weiter zum Osttor. Auf jeder Laterne war einst ein Bildnis Buddhas eingemeißelt, aber nach dem Tode Jayavarmans VII. wurde der Tempelkomplex für einige Zeit zu einer hinduistischen Institution und **viele buddhistische Reliefs wurden zerstört**. Auf diesem Weg wird man übrigens oft von geschäftstüchtigen jungen Souvenirverkäuferinnen bedrängt.

Die Chaussee führt schließlich über einen Wassergraben bis zum Osttor (2). Die Brücke über den Graben ist genau wie an den Eingangstoren zu Angkor Thom von Balustraden in Naga-Form eingefasst, die auf beiden Seiten von Göttern bzw. Dämonen gestützt werden. Der Wassergraben umgibt die äußerste, drei Kilometer lange, fast quadratische Mauer. Innerhalb dieser Mauer sollen **mehr als tausend Mönche** zusammen mit dem entsprechenden Dienstpersonal gelebt haben.

Neben dem Tempel befindet sich hier noch eine Reihe anderer interessanter Gebäude, Korridore, Galerien, Wasserbecken und Mauern, die mit zahllosen Reliefs gut erhaltener *Devatas* bedeckt sind. Im Zentrum dieses Bereiches steht die sogenannte **Halle der Tänzerinnen** (3). Besonders auffällig ist eine kleine, aber hohe Konstruktion auf der rechten Seite, eine Halle (4), die durch **dicke runde Säulen** (eine Seltenheit in

Angkor!) gestützt wird. Geht man vom Osttor geradeaus weiter, so schreitet man durch eine Art Vorhof, der ebenfalls mit *Apsaras* und *Devatas* geschmückt ist.

Um in das innere Heiligtum zu gelangen, muss man zwei weitere Tore (7, 9) in zwei eng aufeinander folgenden Mauern (8, 10) passieren. Danach geht es immer geradeaus, an Galerien und Bibliotheken vorbei, durch Tore, die mit Blumenreliefs verziert sind, bis man **das Heiligtum des Tempels** (11) erreicht.

Dieser Turm steht genau im Zentrum des Tempels auf einer kreuzförmigen Achse. Von hier führen vier Korridore zu den äußeren Mauern. Inmitten des Heiligtums steht eine große *Stupa,* eine Art Denkmal für Buddha. Die Wände innerhalb des Heiligtums sind vom Boden bis zur Decke mit Reihen von kleinen Löchern markiert, was wohl bedeutet, dass der gesamte Raum einmal ausgekleidet war, vielleicht mit Bronzeplatten.

Vom Zentrum des Tempels aus lohnt es sich, weitere Galerien und Korridore zu erforschen. Frühmorgens, wenn es in Preah Khan noch ganz ruhig ist, kann man von den inneren Mauern aus durch alle Gänge hindurch bis hin zu der *Stupa* im Zentrum blicken. Die vielen Spalten im Dach sorgen für interessante **Lichtspiele auf den Reliefs** des Tempels. Östlich von Preah Khan liegt das *Baray* (Wasserreservoir) Jayatataka, das heute oft ausgetrocknet und teilweise bewaldet ist.

› Wer Angkor Thom durch das Nordtor verlässt, findet Preah Khan auf der rechten Straßenseite. Der Osteingang ist allerdings erst über eine kleine Seitenstraße, die 200 Meter weiter rechts in den Wald abbiegt, zu erreichen.

⑱ Neak Pean ★★★ [cf]

Dieser kleine, umwaldete Tempel aus dem späten 12. Jh. ist vor allem nach der Regenzeit wunderschön anzusehen, wenn die Wasserbecken um den Tempel herum gefüllt sind.

Während der Herrschaft Jayavarmans VII. erbaut, stand dieser Pilgertempel einst auf einer winzigen Insel in einem Wasserbecken (2), dass von vier weiteren, kleineren Becken (3) umgeben war. Der gesamte Komplex seinerseits befand sich **auf einer Insel inmitten des Barays Jayatataka,** das an die Ostseite von Preah Khan angrenzte. Ursprünglich war Neak Pean daher nur mit einem Boot erreichbar.

Im frühen 20. Jh. haben Archäologen eine Dammstraße zu der Tempelinsel gebaut. Der eigentliche Tempel (1), ein Turm mit einem ähnlichen Lotusblumendach wie die *Prasats* von Angkor Wat ausgestattet, steht auf einer kreisrunden Insel auf sieben Lateritplattformen und ist Richtung Osten geöffnet. Die anderen drei Eingänge haben falsche Türen aus Sandstein, die mit Bildnissen Avalokiteshveras, des **Bodhisattwas des universellen Mitgefühls,** dekoriert sind. Um das Fundament der Insel schlängeln sich zwei *Nagas.*

Im Wasserbecken etwas östlich von der Insel befindet sich ein **steinernes Pferd** (4), das auf die Insel zuzuschwimmen scheint, während ein paar Reiter versuchen, sich an den Seiten des Tieres festzuhalten. Das Pferd ist eine Manifestation eines *Bodhisattwa,* der im Begriff ist, schiffbrüchige Händler zu retten.

Die kleineren Becken um das zentrale Wasserbecken wurden aus Steinköpfen gespeist, die in der Trockenzeit gut zu sehen sind. An der Nord-

Grand Circuit – Großer Rundgang

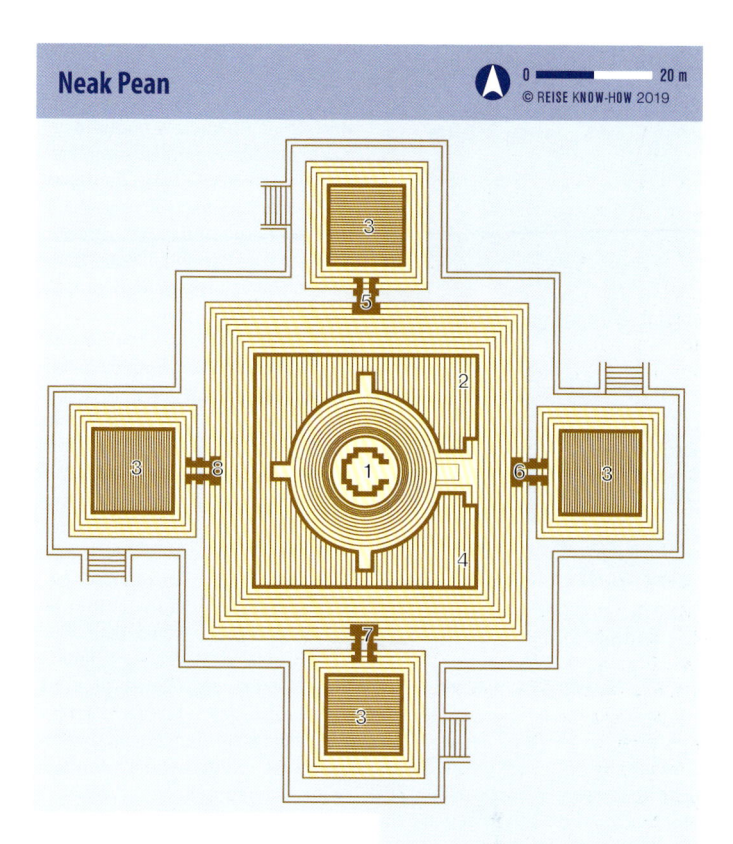

Neak Pean

seite findet sich ein Elefantenkopf, an der Ostseite ein menschlicher Kopf, an der Südseite ein Löwenkopf und an der Westseite ein Pferdekopf. Pilger sollen diese Becken aufgrund der **angeblich heilenden Qualitäten des Wassers** aufgesucht haben.

Der Tempel ist über einen langen hölzernen Steg zu erreichen, der in der Regenzeit durch einen wunderschönen, überfluteten Wald führt.

› Wer auf dem Grand Circuit vom Nordtor kommt, findet ein paar Hundert Meter hinter Preah Khan auf der rechten Straßenseite eine Seitenstraße, die zu Neak Pean führt.

1 Tempel
2 Hauptwasserbecken
3 Wasserbecken
4 steinernes Pferd
5 Elefantenkopf
6 Menschenkopf
7 Löwenkopf
8 Pferdekopf

⓳ Ta Som ★★★ [df]

Ta Som ist einer der Lieblingstempel des Autors. Der Tempel stammt aus dem 12. Jh., also der Zeit von Jayavarman VII. Das Gebäude ist sehr abgelegen, in recht gutem Zustand und wird kaum besucht. Im Bayon-Stil gebaut, mit den in vier Richtungen schauenden Gesichtern von *Bodhisattwas* auf zwei *Gopuras*, ist Ta Som besonders am Nachmittag sehr stimmungsvoll und bietet **einzigartige Lichtverhältnisse für Fotografen.** Ein alter Banyanbaum, die zahlreichen Wurzeln tief in den Sandstein gebohrt, wächst aus der östlichen *Gopura* heraus. Es ist möglich, in den Innenhof des Tempels hineinzuklettern.

› Ta Som ist der von Siem Reap am weitesten entfernte Tempel auf dem Grand Circuit. Wer von Preah Khan kommt, findet Ta Som nach Neak Pean auf der linken Straßenseite.

⓴ Östlicher Mebon ★★ [dg]

Im 10. Jh. stand dieser, während der Herrschaft Rajendravarmans II. erbaute Hindutempel auf einer Insel mitten im östlichen *Baray*, dem zweitgrößten Wasserreservoir des Angkor-Reiches. Heute ist das *Baray* trocken und wird zum Reisanbau genutzt, der Tempel kann also zu Fuß erreicht werden.

Der östliche Mebon ist ein **Tempelberg**, der den heiligen Berg Meru symbolisiert, und wurde mit fünf Türmen im gleichen Stil wie Pre Rup gebaut. Alle Baumaterialien, die den Khmer zur Verfügung standen, wurden hier genutzt – Laterit, Ziegel, Sandstein und Gips. Der Tempelkomplex ist quadratisch und von drei Mauern umgeben. Die westliche *Gopura* hat einen Fenstersturz, auf dem Vishnu in Gestalt seines Avatar Narasingha zu sehen ist, halb als Mensch und halb als Löwe. Die *Prasats* (Türme) ruhen auf einer dreistöckigen Plattform. An den vier Ecken auf der ersten und zweiten Ebene der Plattform kann man steinerne Elefanten sehen, von denen einer noch in gutem Zustand ist. Steinlöwen bewachen die vier steilen Treppen zur obersten Plattform. Die **fünf Türme** sind aus Ziegeln erstellt und nach Osten offen. Die Fensterstürze der fünf Türme und die falschen Türen in den *Prasats* sind mit verschiedenen Hindugottheiten geschmückt. Da der Tempel früher auf einer Insel lag, findet sich noch bis heute vor jeder *Gopura* ein Bootssteg aus Laterit, der von Steinlöwen gesäumt wird.

› Der östliche Mebon liegt etwas nördlich von Pre Rup auf der linken Straßenseite.

Eine stehende Gottheit (Devata) im Ta-Som-Tempel

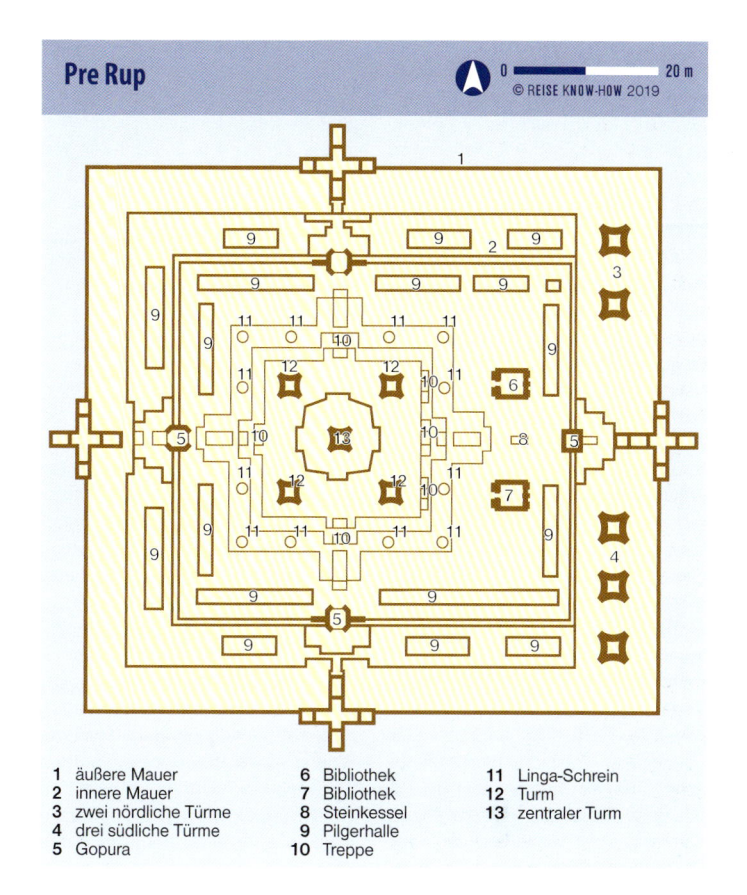

Grand Circuit – Großer Rundgang

Pre Rup

1 äußere Mauer
2 innere Mauer
3 zwei nördliche Türme
4 drei südliche Türme
5 Gopura
6 Bibliothek
7 Bibliothek
8 Steinkessel
9 Pilgerhalle
10 Treppe
11 Linga-Schrein
12 Turm
13 zentraler Turm

㉑ Pre Rup ★★★ [dg]

Pre Rup ist ein in der zweiten Hälfte des 10. Jh. während der Herrschaft Rajendravarmans II. erbauter, eleganter quadratischer Tempelberg im Stil des östlichen Mebon und stellt den Berg Meru aus der hinduistischen Mythologie dar. Dieser Tempel war der zweite, der nach dem Umzug der Khmer-Hauptstadt von Roluos in Angkor errichtet wurde.

Pre Rup wurde komplett aus Laterit und Ziegeln hergestellt und ist von zwei Mauern (1, 2) umgeben, in deren Mitte jeweils eine *Gopura* eingefügt war, die leider zerfallen sind. Einst stand der Tempel direkt vor dem östlichen *Baray*.

Innerhalb der äußeren Lateritwand ragen im Osten des Tempelareals **fünf Türme** auf, drei rechts (4), zwei links (3). Man weiß nicht, was aus dem sechsten Turm geworden ist, vielleicht wurde er nie gebaut oder vielleicht wurden die Ziegel für den Bau eines anderen Bauwerks gebraucht. Um in den inneren Hof des Tempels zu gelangen, muss man durch eine zweite *Gopura* (5) schreiten. Im Osten dieses Hofes befinden sich zwei Bibliotheken (6, 7). Lange Hallen oder Korridore (9), in denen sich möglicherweise Pilger aufhielten, erstrecken sich entlang der Außen- und Innenseite der zweiten Lateritmauer. Zwischen den beiden Mauern steht ein **Steinkessel** (8), der, so behaupten einige Experten, für Bestattungen genutzt wurde, aber bis heute ist man sich nicht einig, ob Pre Rup wirklich zu Bestattungszwecken diente. Die fünf *Prasats* (12, 13) im Zentrum des Tempels stehen auf einer dreistöckigen Plattform, die man über vier breite Treppen (10) – jeweils eine an jeder Seite der Terrasse – und über zwei schmalere, von Steinlöwen bewachte Treppen (10) an der Ostseite der Plattform erreicht. Auf der ersten Ebene der Plattform stehen um den gesamten Tempel verteilt **zwölf Schreine** (11), in denen *Lingas* zu finden sind. Die fünf Türme (12, 13) im Zentrum von Pre Rup öffnen sich in Richtung Osten. An den verbleibenden Seiten wurden falsche Türen aus Sandstein in die Ziegel eingelassen, die mit sehr gut erhaltenen, wunderschönen Reliefs verziert sind. Es lassen sich fliegende *Apsaras* und einige Hindugottheiten erkennen. Die Figuren an den östlichen Türmen und am *Prasat* im Zentrum des Tempels sind männlich, während die westlichen Türme mit weiblichen Wesen dekoriert sind.

› Wer auf dem Grand Circuit aus der Richtung von Ta Prohm kommt, findet Pre Rup auf der linken Straßenseite.

▷ *Kunstvoll dekoriert – der „Tempel der Frauen", Banteay Srei*

㉒ Banteay Samre ★★ [eg]

Vor dem Bürgerkrieg hatte man begonnen, diesen Hindutempel von Mitte des 12. Jh., d. h. aus der Zeit von Angkor Wat, mit der Anastylosis-Methode zu restaurieren. Inzwischen ist das Gebäude leider wieder etwas verwahrlost, aber dennoch einen Besuch wert. **Der Name „Samre"** bezieht sich auf eine Minderheit, deren Angehörige zur Zeit des Angkor-Reiches auf Phnom Kulen gelebt haben sollen.

Der Tempel ist im Quadrat angelegt und von zwei Mauern umgeben. Ein aufgeschütteter Fußweg führt zu einer *Gopura* in der östlichen Außenmauer. Innerhalb dieser Lateritmauer befand sich einst ein Wassergraben und man ging durch eine lange, beiderseits von Wasser flankierte Halle auf den zentralen Turm zu – das Heiligtum des Tempels. Eine weitere *Gopura* führt in den zweiten Innenhof. Insgesamt vier *Gopuras* unterbrechen die innere Lateritmauer. **Eine mit kleinen Pavillons verzierte Galerie** windet sich um das Zentrum des Tempels. Auch hier öffnete sich den zeitgenössischen Besuchern ein unglaublicher Blick, denn auch dieser zweite Innenbereich war einst mit Wasser gefüllt. Zwei Bibliotheken müssen hier einmal über dem Wasser in die Höhe geragt haben. Der Hauptturm ist aus Sandstein erstellt und hat ein **Lotusblumen-Dach** wie die Türme von Angkor Wat. Auf diesem abgelegenen Tempelgelände sollten Besucher auf ihre Wertgegenstände aufpassen – es ist hier schon zu Diebstählen gekommen.

› Banteay Samre liegt etwas abseits vom Grand Circuit. Man biegt am östlichen Mebon von der Straße und fährt zwei Kilometer geradeaus. Der Tempel befindet sich auf der rechten Straßenseite.

Weitere Tempel

㉓ Banteay Srei ★★★

Banteay Srei ist vielleicht die eleganteste, verspielteste und schönste Tempelanlage des Angkor-Reiches. Der „Tempel der Frauen" wurde in der zweiten Hälfte des 10. Jh. während der Regierungszeiten Rajendravarmans II. und Jayavarmans V. erbaut und erst 1914 von den Franzosen „wiederentdeckt". Der Tempel liegt außerhalb des Grand Circuit, ist jedoch Teil des Angkor Archaeological Park.

Banteay Srei sollte möglichst morgens in aller Frühe besucht werden. Auf dem recht kleinen Gelände ist es mit der Stille vorbei, sobald die ersten Busse mit Touristen gegen 8 Uhr eintreffen. Frühmorgens wirft die Sonne ein goldenes Licht auf den Lateritstein, danach wird es sehr heiß. Während der Hochsaison drängen sich hier tagsüber die Menschenmassen. Der Innenhof des Tempels kann derzeit nicht betreten werden, aber die Bibliotheken und Prasats sind bei einer Umrundung innerhalb der Tempelmauern dennoch problemlos zu betrachten. Etwa ab 15 Uhr kehrt die Stille wieder zurück. Auch hier lassen sich Ein-Tages-Tickets für die Tempel kaufen.

Banteay Srei ist ein Traum aus rotem Sandstein und neben Angkor Wat und dem Bayon einer der Höhepunkte eines Angkor-Besuchs. Im Gegensatz zu den monumentalen Gebäuden der Khmer wie Angkor Wat oder Ta Prohm ist Banteay Srei klein, kompakt und lückenlos mit kunstvollen Dekors überzogen. Zudem ist dieser Tempel **in sehr gutem Zustand,** und das, obwohl er kurz nach seiner „Wiederentdeckung" beinahe im großen Stil geplündert wurde: 1923 versuchte der französische **Abenteurer André Malreaux**, sich mit Teilen des Tempels davonzumachen. Nachdem der junge Schriftsteller eine der weiblichen Statuen, nach denen der Tempel benannt ist, zerlegt hatte, transportierte er die Steine nach Phnom Penh. Malreaux wurde jedoch in der Hauptstadt gefasst, aber nie verurteilt und machte später als Minister für Information in der Regierung von De Gaulle Karriere. In den späten 1920er-Jahren war Banteay Srei der erste Tempel, den die Franzosen nach der Anastylosis-Methode restaurierten. Erst 1936 fanden Archäologen heraus, wie alt Banteay Srei wirklich ist.

Von einem Lehrer Jayavarmans V. gebaut, war Banteay Srei einst von drei Mauern und einem Wassergraben umgeben. Heute sind nur noch zwei der Mauern zu sehen. Man betritt den rechteckigen Tempelkomplex normalerweise von Osten. Der Fenstersturz an der ersten *Gopura* (1) zeigt **Indra auf einem dreiköpfigen Elefanten**. Ist man durch die *Gopura* hindurchgegangen, so befindet man sich auf einem schmalen Weg, der auf die erste noch vorhandene Tempelmauer zuführt. Die beiden Seiten dieses kleinen Weges sind von langen Galerien (2, 3) auf Sandsteinsäulen gesäumt, die von zwei kleinen *Gopuras* unterbrochen werden. Südlich des Weges befinden sich drei lange Hallen (4). Nördlich liegt eine weitere Halle (5), mit einem kunstvollen Fenstersturz, der **Vishnu in Gestalt eines Löwenmenschen** darstellt. Durch eine weitere *Gopura* (6) gelangt man zu einem Wassergraben (7, 8), den der schmale Weg überquert.

Das nächste Tor (9) bringt den Besucher in den inneren Tempelbereich. Innerhalb der Lateritmauer befinden sich, im Quadrat um das zentrale Heiligtum herum, sechs lange Gebäude (10), die möglicherweise einst zum Meditieren genutzt wurden. Im **Innenhof des Tempels** links und rechts stehen zwei Bibliotheken (11, 12) zusammen mit drei *Prasats* auf einer Plattform (13). Der mittlere Turm enthält **das Linga Shivas**. Der Schrein auf der rechten, also nördlichen Seite ist Vishnu gewidmet, während der südliche Turm Shiva geweiht ist. Die drei *Prasats* werden von kleinen Statuen mit menschlichen Körpern und Tierköpfen bewacht (es handelt sich um Kopien), die zwischen den reich dekorierten Tempelmauern fast lebendig wirken. Jeder Quadratzentimeter der Gebäude im inneren Bereich des Tempels ist mit Reliefs bedeckt. Der weiche, rosafarbene Sandstein ermöglichte es den Steinmetzen Angkors, **unglaubliche Details** herauszuarbeiten. An den drei *Prasats* sind sowohl männliche als auch weibliche Skulpturen zu bewundern. Die Männer halten eine Lanze oder eine Lotusblume. Die **Frauengestalten** sind mit viel Freude am Detail und an reichem Dekor gestaltet. Sie tragen das Haar zu einem Schopf gebunden, sodass ihre schweren, die Ohrläppchen nach unten ziehenden Ohrgehänge gut zur Geltung kommen. Halsketten, Arm-

---

EXTRATIPP

Das Aki-Ra-Minenmuseum

Sechs Kilometer vor Banteay Srei, von Siem Reap aus gesehen, liegt das Aki-Ra-Minenmuseum. Für Besucher, die Interesse an der jüngeren Geschichte Kambodschas haben, lohnt sich der Besuch. Hier kann man sich ansehen, wie viele unterschiedliche **Landminen** in 40 Jahren Krieg in Kambodscha genutzt wurden und was für eine furchtbare Auswirkung dies bis heute auf das Land hat.

🏠3 **Aki-Ra-Minenmuseum**, an der Straße von Siem Reap zum Angkor Archaeological Park, sechs Kilometer vor Banteay Srei auf der rechten Seite gelegen, von der Innenstadt Siem Reaps in 30 bis 40 Min. mit einem Tuk-Tuk oder Taxi zu erreichen, Eintritt US$ 5, www.cambodialandminemuseum.org

Weitere Tempel

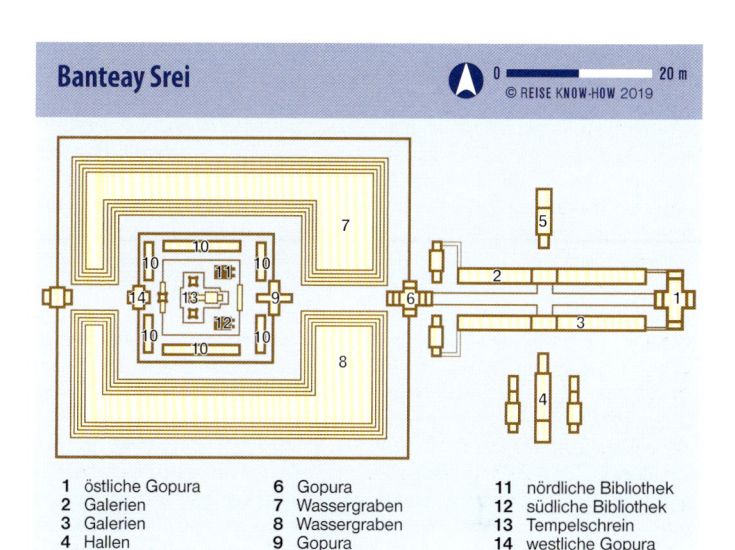

Banteay Srei

1 östliche Gopura
2 Galerien
3 Galerien
4 Hallen
5 Halle
6 Gopura
7 Wassergraben
8 Wassergraben
9 Gopura
10 Meditationsgalerie
11 nördliche Bibliothek
12 südliche Bibliothek
13 Tempelschrein
14 westliche Gopura

und Fußbänder, Perlen und Gürtel verleihen diesen *Devatas* eine unvergleichliche Eleganz. Auch die Bibliotheken, nördlich und südlich der drei zentralen *Prasats*, sind im Detail faszinierend und erzählen **Episoden aus der hinduistischen Mythologie.** An der südlichen Bibliothek (12) (also auf der linken Seite) erkennt man auf dem östlichen Giebeldreieck die hinduistische Göttin Parvati, wie sie versucht, die Aufmerksamkeit ihres zukünftigen Gatten Shiva zu erwecken. Da Shiva, der Gott der Zerstörung und des Schaffens, tief in Meditation versunken ist und daher nicht reagiert, schießt Kama, der Gott der Liebe, ihm einen Pfeil ins Herz. Shiva schreckt auf und verbrennt Kama voller Zorn mit einer aus seinem dritten, mittleren Auge herausschießenden Flamme. Als er Parvatis gewahr wird, verliebt sich der Gott jedoch in sie, heiratet sie und lässt Kama wieder auferstehen.

Am östlichen Fenstersturz ist eine **Schlüsselszene aus dem hinduistischen Epos Ramayana** (den Khmer als *Reamker* bekannt) zu bewundern. Diese Szene zeigt Ravana, den Dämonenkönig von Lanka, wie er versucht, auf den heiligen Berg Kailash, das Domizil Shivas und Parvatis, zu gelangen. Als ihm das nicht gelingt, beginnt er den Berg zu schütteln. Voll Zorn drückt Shiva den Berg mit seinem großen Zeh auf Ravana, der daraufhin tausend Jahre lang für Shiva beten muss.

An der nördlichen Bibliothek (11) ist auf dem westlichen Fenstersturz dargestellt, wie Krishna seinen bösen Onkel, König Kamsa, in dessen Palast umbringt. Auf dem östlichen Giebeldreieck lässt der Bildhauer den **Gott Indra auf einem Wagen,** der von einem dreiköpfigen Elefanten gezogen wird, durch den Himmel reiten, um himmlischen Regen auf die Erde fallen zu lassen. Unter Indra sind Vögel und eine *Naga* – eine Schlange –

Die Wassermacht Angkors

Die „Barays", gigantische Wasserreservoirs, sollen es den Khmer ermöglicht haben, dreimal im Jahr Reis zu ernten und somit zur wirtschaftlichen und militärischen Großmacht in Südostasien aufzusteigen.

Im Angkor Archaeological Park finden sich **vier Barays.** Das erste wurde im 9. Jh. in der **Nähe von Roluos** angelegt, ein Wasserbecken, das immerhin 9,3 Quatratkilometer maß. Dieses Baray ist inzwischen ausgetrocknet. Das zweite Wasserreservoir ist das **östliche Baray,** das 17,3 Quadratkilometer groß ist. Der östliche Mebon-Tempel wurde 50 Jahre nach Baubeginn des Barays auf einer Insel im Zentrum dieses Beckens erstellt. Das **westliche Baray,** im frühen 11. Jh. angelegt, ist das größte Reservoir des Angkor-Reiches. Es dehnt sich über 20,4 Quadratkilometer aus. Angesichts dieses gigantischen Wasserbeckens, das übrigens auch heute noch während der Regenzeit mit Wasser gefüllt ist, kann man sich eine gute Vorstellung über die enorme Anzahl an Arbeitskräften machen, über die die Angkor-Könige verfügten. Im Zentrum des westlichen Barays steht der westliche Mebon auf einer künstlichen Insel, die per Boot zu erreichen ist. Heute werfen hier Fischer ihre Netze von kleinen Booten aus, um eine ganze Reihe verschiedener Fischarten für das Abendessen zu fangen. Ein **viertes, kleineres Baray** wurde von Jayavarman VII. im 12. Jh. für den Tempel Preah Khan konstruiert. Im Zentrum dieses Wasserreservoirs steht der kleine Neak-Pean-Tempel.

Heutzutage ist die Theorie, dass allein **die Barays für den Reichtum Angkors verantwortlich** waren, umstritten. Einige Experten sind inzwischen der Meinung, dass die Reservoirs hauptsächlich aus politisch-religiösen Gründen entstanden sind. Sicher haben die Barays aber zum wirtschaftlichen Erfolg der Hauptstädte Angkors enorm beigetragen.

021ar Abb.: at

sowie Krishna und sein Bruder Balarama in einem Wald und von Tieren umgeben zu erkennen.
> Banteay Srei befindet sich 38 km von Siem Reap entfernt. Die Fahrt führt durch kleine Dorfgemeinschaften und sollte nicht mehr als 40 Minuten dauern.

㉔ Kbal Spean ★

Kbal Spean ist kein Tempel, sondern ein Flussbett und damit eine der wenigen Attraktionen um Siem Reap, deren Besuch nur nach Beginn der Regenzeit lohnt, also von Juni bis Dezember oder Januar.

Am Fuße des Phnom Kulen gelegen, wird Kbal Spean auch der „Fluss der tausend *Lingas*" genannt, denn eine große Anzahl dieser hinduistischen Phallussymbole sind im 11. Jh. **in das steinerne Flussbett eingemeißelt** worden. In den folgenden Jahrhunderten wurden buddhistische Symbole und einige Buddhafiguren hinzugefügt, die ebenfalls als Reliefs im Flussbett schlummern. Wenn der Fluss Wasser führt, ist der Ort atemberaubend schön, obwohl leider oft eine ganze Menge Müll herumliegt.
> Kbal Spean liegt 12 km von Banteay Srei entfernt und ist am besten mit einem Besuch dieses Tempels zu verbinden. Das Flussbett ist allerdings nur bis 15 Uhr zugänglich. Um zu den *Lingas* zu gelangen, muss man vom Parkplatz ca. 45 Minuten bergauf durch den Wald gehen.

◁ *Eines der großen Wasserreservoirs des Angkor-Reiches: das westliche Baray*

㉕ Westlicher Mebon ★★ [ag]

Der westliche Mebon ist in sehr verfallenem Zustand und nicht leicht zu erreichen. Dennoch lohnt dieser Wassertempel einen Besuch, denn er liegt genau in der Mitte des westlichen Barays, des größten Wasserreservoirs des Angkor-Reiches, das bis heute intakt ist und noch immer Wasser führt. Das westliche Baray ist während oder kurz nach der Regenzeit besonders eindrucksvoll.

Der westliche Mebon, im 11. Jh. während der Herrschaft Udayaditiyavarmans VII. erbaut, besteht heute nur noch aus ein paar Mauern, auf denen allerdings interessante Reliefs der damaligen **Tierwelt um Angkor** zu sehen sind. Im *Baray* wird heute noch gefischt und an Wochenenden ist das südliche Ufer des Reservoirs ein **beliebter Picknickort für die Bewohner Siem Reaps**. Wer das gigantische *Baray* fast für sich allein haben will, sollte in der Woche vorbeischauen. Der Besuch des westlichen *Barays* ist im Ticket des Angkor Archaeological Park inbegriffen.
> Zum westlichen *Baray* nimmt man die Straße zum Flugplatz. Drei Kilometer hinter dem Flugplatz biegt man rechts ab. Die ca. 1-stündige Bootsfahrt zum Tempel kostet etwa US$ 15. Eventuell muss man durch seichtes Wasser waten, um den Tempel vom Boot aus zu erreichen.

㉖ Die Roluos-Tempelgruppe ★★★ [ej]

Hariharalaya war die erste Hauptstadt des Angkor-Reiches und wurde von Jayavarman II. gegründet. Drei weitere Könige und der Bau einiger eindrucksvoller Tempel folgten, bevor die Hauptstadt Anfang des 10. Jh. an den Tempelberg Phnom Bakheng

Weitere Tempel

Roluos-Gruppe

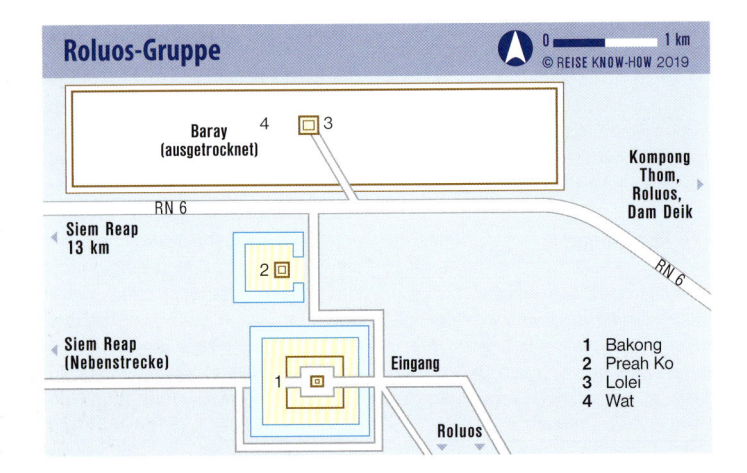

- 1 Bakong
- 2 Preah Ko
- 3 Lolei
- 4 Wat

verlegt wurde und man Hariharalaya aufgab. Heute heißt die Gegend nach dem nächstliegenden Städtchen Roluos.

Wegen ihrer weiten Entfernung vom Angkor Archaeological Park und der deutlich geringeren Besucherzahlen herrscht in den Roluos-Tempeln **eine ganz eigene Atmosphäre.** Die beiden wichtigsten Bauwerke, Bakong und Lolei, liegen inmitten eines Dorfes und haben neue Pagoden als Nachbarn. Am eindrucksvollsten ist **Bakong** (1), ein 15 m hoher, sehr gut erhaltener Tempelberg im Preah-Ko-Stil, der von acht aus Ziegeln gefertigten *Prasats* und einem breiten bis heute gefüllten Wassergraben umgeben ist. Bakong, während der Regierungszeit Indravarmans I. begonnen, ist ein frühes Beispiel für die beginnende Nutzung von Sandstein anstelle von Ziegeln und wurde bis ins 12. Jh. immer wieder erweitert und umgebaut. Die äußere Mauer ist fast einen Kilometer lang. Auf jeder Etage des Tempels wacht an den vier Ecken ein Elefant. Im Tempelareal befinden sich auch eine Schule und ein aktiver *Wat*.

Preah Ko (2), einer der ältesten Tempel des Angkor-Reiches, ist ein kleinerer Tempelberg mit sechs gut erhaltenen Türmen, die auf einer breiten Lateritplattform ruhen und einst von Mauern und *Gopuras* umgeben waren. Seinen Namen hat der Tempel von den Statuen heiliger Bullen, die vor den Türmen stehen und von den Khmer *Ko* genannt werden. Das Grundmuster von Preah Ko liegt dem Entwurf vieler der späteren Tempel um Angkor Thom zugrunde.

Lolei (3), der kleinste und jüngste Tempel der Roluos-Tempelgruppe, befindet sich in dem ausgetrockneten Wasserreservoir Indratataka. Vier Türme aus bröckelnden Ziegeln mit gut erhaltenen Fensterstürzen ruhen auf einer zweistufigen Lateritplattform. Unmittelbar daneben steht ein **Wat** (4) mit schrillen, neuen Wandmalereien. Die Roluos-Gruppe kann an einem halben Tag besichtigt werden. Das Ticket für den Angkor Archaeological Park gilt auch hier.

› Roluos liegt 14 km südöstlich von Siem Reap und ist in 20 Minuten mit einem Tuk-Tuk oder Taxi zu erreichen.

SIEM REAP ENTDECKEN

Die Innenstadt

Siem Reap hat in den letzten gut 20 Jahren ein gigantisches Wachstum erfahren und ist in vieler Hinsicht, einzig und allein wegen der nahe gelegenen Tempelruinen, zur zweiten Hauptstadt Kambodschas geworden – zumindest was die Wirtschaft angeht.

Mehr als 750 Hotels, *Guesthouses* und Apartments zur Kurzmiete sowie zahllose Restaurants und Geschäfte sind hier in atemberaubend kurzer Zeit aus dem Boden gestampft worden. Vor ein paar Jahren waren die Straßen noch nicht asphaltiert – jetzt sind es die besten des Landes – und im Jahr 2002 wurde **die erste Ampel** installiert: Damals mussten anfangs drei Polizisten mit Lautsprechern tagelang neben der kostbaren technischen Errungenschaft sitzen, um die Verkehrsteilnehmer dazu zu animieren, bei Rot stehen zu bleiben.

Der alte, **historische Stadtkern** ist inzwischen recht nett restauriert, versinkt aber nachmittags und abends in Verkehrschaos und lauter Musik, die aus zahlreichen Bars herausschallt. Der Rest der Stadt ist eine immerwährende, staubige Baustelle. Die Regierung Kambodschas sieht Siem Reap einzig als Einnahmequelle an und hat sich seit den frühen 1990er-Jahren immer wieder gewehrt, umweltverträgliche Maßnahmen zu ergreifen, die den ganzen Rummel um die Tempel langfristig tragbarer machen könnten. Dennoch ist die Gegend östlich des Flusses um Wat Bo und Wat Damnak noch immer recht ruhig und ein Spaziergang den Siem-

Das gibt es nur in Siem Reap

› Seit 2005 findet in Siem Reap alljährlich das **Angkor Photo Festival** statt. Zahlreiche Fotoausstellungen können kostenfrei in diversen Galerien und Hotels besucht werden, während Fotografen aus der ganzen Welt an Workshops, Seminaren und Wettbewerben teilnehmen. Die Qualität der Ausstellungen ist sehr gut und die Inhalte gehen weit über die Themenbereiche Angkor und Kambodscha hinaus. Infos unter http://angkorphoto.com.

› Wer sich in die Geschichte Kambodschas vertiefen will, sollte im **Center for Khmer Studies** vorbeischauen, das in einem sehr schön restaurierten Gebäude auf dem Gelände des Wat Damnak ㉝ untergebracht ist. Diese gut organisierte Bibliothek führt mehr als 5000 Bücher, Karten und andere Dokumente auf Englisch, Khmer und Französisch – umfangreiche Quellen zu allen Geschichtsabschnitten Kambodschas (www.khmerstudies.org).

› Ein **Geschäft voller Kuriositäten**, Antiquitäten und Ramsch: **Paris Sete** (s. S. 97) bietet seinen Kunden eine große und interessante Auswahl an Souvenirs, die sonst in Siem Reap nicht zu bekommen sind. Nachdrucke von Postkarten und Postern aus der französischen Kolonialzeit, alte Bücher zum Thema Südostasien, mehr oder weniger authentische Souvenirs aus dem Vietnamkrieg, Lacktafeln aus Vietnam und ein paar sehr schöne Holzstatuen, Opiumpfeifen und kleine Möbelstücke machen einen Besuch lohnenswert.

Die Innenstadt

Reap-Flusses entlang ist durchaus möglich. Die Außenbezirke der Stadt gehen nahtlos in idyllische und teilweise sehr arme Dörfer über.

27 Die Altstadt ★★ [B6]

Das Zentrum von Siem Reap ist so klein, dass man ohne Probleme zu Fuß überallhin gelangen kann. Der Old Market und die vier Blocks französischer Kolonialbauten, die vor einigen Jahren sehr schön restauriert wurden, bilden die Hauptsehenswürdigkeiten des westlich des Siem-Reap-Flusses gelegenen winzigen Stadtkerns.

Auf dem **Old Market** kann man außer den Souvenirs für die Touristen auch alles, was die Einheimischen brauchen, erstehen – von frischem Gemüse bis zu Motorradersatzteilen. In einigen einfachen Garküchen können Kambodschaner und Touristen die traditionelle und preiswerte Küche genießen. Rings um den Markt reiht sich in den kleinen gelbgetünchten, ehemalig kolonialen Häusern Restaurant an Bar und Geschäft an Massagesalon. Tagsüber bieten Händler hier am Straßenrand alles mögliche an: fotokopierte Bücher und *Kramas* (traditionelle Baumwollschals der Khmer),

> **EXTRATIPP**
>
> **Angkor Panorama Museum**
> Von der Regierung Nordkoreas finanziert, bietet dieses Museum ein 123 m langes und 13 m hohes, im Kreis verlaufendes, kitschiges Gemälde, das das Leben in Angkor im 13. Jh. zeigen soll. Dazu wird ein kurzer, aber monumentaler Film über das Entstehen Angkors gezeigt.
> 🏛 **4** [c1] **Angkor Panorama Museum**, Road 60, neben dem Angkor-Ticketschalter, Tel. 063766215, www.angkorpanoramamuseum.com, US$ 20, Kinder US$ 10, tägl. 9–20 Uhr

△ Restaurierte Häuser im französischen Kolonialstil

Zigaretten und frisches Obst. Etwas nördlich von diesem kleinen Platz befindet sich die **Pub Street** [B6]. Sie ist, wie der Name schon sagt, übersät mit Bars, Galerien, Klubs und Restaurants, die bis spät in die Nacht geöffnet sind. Hier geht es nach Sonnenuntergang hoch her, es ist irre laut und wer über 25 Jahre alt ist, wird sich womöglich fremd fühlen. Zudem wird man im Stadtzentrum pausenlos von Tuk-Tuk-Fahrern angesprochen, die einerseits natürlich wirklich Arbeit brauchen, sich andererseits aber auch als Vermittler für Drogenhandel und Prostitution anbieten. Einen Block weiter nördlich hat sich eine Reihe von ruhigeren Bars in **The Lane** angesiedelt. Die Gassen zwischen dem Old Market und The Lane, vor allem The Passage und deren Verlängerung, Alley West, werden von Jahr zu Jahr lebendiger.

㉘ Cambodian Cultural Village ★ [bi]

In diesem kleinen Freizeitpark findet man eine Reihe von Repliken der Angkor-Tempel und Nachbauten kambodschanischer Dörfer. **Traditionelle Tanzveranstaltungen** und lebensgroße kitschig dargestellte Szenen aus der turbulenten Geschichte Kambodschas werden dargeboten.

❯ Airport Road, Eintritt: 15 US$, geöffnet tägl. 9–21 Uhr

㉙ Wat Kesaram ★ [A4]

Die „**Pagode der Blütenblätter der Kornblume**", liegt in einem weiten Gelände und wurde in den 1970er-Jahren gebaut. Auf den Wänden der großen Gebetshalle sind Szenen aus dem Leben Buddhas abgebildet.

❯ Airport Road, Eintritt frei, geöffnet tägl. von 6 bis 18 Uhr

㉚ Royal Independence Gardens ★★ [B4]

Diese gepflegte Parkanlage vor dem Grand Hotel D'Angkor ist nachmittags, wenn die Hitze etwas nachgelassen hat, einen Besuch wert. Neben kurzgeschorenen Rasenflächen und tropischen Bäumen, finden sich hier der Preah-Ang-Chek-Schrein und der **Preah-Ang-Chorm-Schrein** mit zwei stehenden Figuren, die zwei Prinzessinnen darstellen sollen, vor denen viele Einheimische beten. Nicht weit entfernt an einem Verkehrskreisel steht die **Statue des Ya Tep**, ein Schutzgeist der Stadt, der Sicherheit und Glück beim Geldspiel bringen soll.

❯ Old French Quarter, Eintritt frei, tägl. geöffnet

㉛ Wat Bo ★ [C5]

Wat Bo ist einer der größten aktiven Tempel in Siem Reap. Er liegt auf der östlichen Flussseite. **Wandmalereien aus dem 19. Jh.** zeigen Episoden unter anderem aus dem *Reamker,* der kambodschanischen Version des *Ramayana.* (Zum Besuch eines aktiven Tempels siehe auch Seite 128)

❯ Samdech Tep Vong Street, Eintritt frei, täglich geöffnet

㉜ Preah Enkosei ★ [C3]

Der **einzige Tempel der Angkorzeit**, der sich in der Stadt befindet, ist Preah Enkosei, der im **10. Jahrhundert** erbaut wurde und heute Teil eines modernen Tempels, Wat An Kao Sai, ist. Zwei der ursprünglichen Türme sowie ein Teil einer Gopura stehen noch.

❯ Angkor Tree Street, Eintritt frei, täglich geöffnet

㉝ Wat Damnak ★★ [B6]

Wat Damnak ist ein sehr schöner und mit **der älteste aktive Tempel Siem Reaps.** Man findet ihn in einem weitläufigen Gelände im Süden der Stadt. Hier ist auch das **Center for Khmer Studies** (www.khmerstudies.org) angesiedelt, eine hervorragend sortierte Bibliothek mit interessanten Texten über Kambodscha, meist auf Khmer oder Französisch. Einige der Tempelgebäude aus dem 19. Jh. sind sehr gut restauriert.

› Gegenüber Old Market auf der Ostseite des Flusses, Eintritt frei, täglich geöffnet

Entdeckungen außerhalb des Zentrums

㉞ Angkor National Museum ★ [B4]

Dies ist ein Museum, das unter die Rubrik „Edutainment" fällt. Zu sehen sind chronologisch geordnete Statuen aus der Angkor-Zeit. Außerdem gibt es **Multimediapräsentationen**, Filme in neun Sprachen und einen recht teuren Museumsshop. Wer Gelegenheit hat, das National Museum in Phnom Penh zu besuchen, braucht nicht mehr unbedingt vorbeizuschauen.

› Charles de Gaulle Ave/Angkor Park Road, Tel. 063966601, www.angkornationalmuseum.com, Eintritt US$ 12, im Sommer gelegentlich US$ 9, tägl. geöffnet 8.30–18 Uhr

㉟ Wat Thmei ★ [B1]

Gut 1 km nördlich der Stadt liegt Wat Thmei, ein aktiver Tempel, neben dem sich ein **Massengrab aus der Zeit der Roten Khmer** befindet. In einer Glasstupa sind die Knochen der Opfer zu sehen. Den Tempel besucht man am besten auf dem Rückweg nach einem Tag im Angkor Archaeological Park.

› Eintritt frei, täglich geöffnet

㊱ Phnom Koulen ★

Dieser Berg, etwa 50 Kilometer von Siem Reap entfernt, ist mit dem Schicksal Angkors eng verbunden. Anfang des 9. Jh. verkündete Jayavarman II. hier ein unabhängiges Reich der Khmer. Bald darauf entstand die erste Hauptstadt in Roluos. 2016 veröffentlichten Wissenschaftler der Universität Sydney neue Recherchen, die zeigen, dass die Stadt um Koulen weitaus größer war als bisher angenommen. Allerdings liegen die Spuren allesamt in dichtem Wad und unter Reisfeldern begraben.

Heute ist der Berg Koulen ein **beliebtes Ausflugsziel** der Kambodschaner und vor allem am Wochenende wird es voll. Zu sehen gibt es kleine Schreine und *Lingas* in einem Flussbett, das allerdings wegen der vielen Besucher sehr verschmutzt sein kann. Außerdem kann man nach der Regenzeit eine Reihe Wasserfälle bewundern. Das Ticket für den Angkor Archaeological Park gilt hier nicht. Zum teuren Eintrittsgeld kommt noch eine Extragebühr für Fahrzeuge.

› Nordöstlich von Siem Reap, über Banteay Srei zu erreichen, Eintritt: US$ 20, täglich geöffnet

㊲ Tonlé-Sap-See ★★★

Die Ausdehnung des Tonlé Sap, während der Regenzeit einer der größten Seen Asiens, ist von einem erstaunlichen Naturphänomen abhängig. Der Tonlé-Sap-Fluss bringt im Sommer Flutwasser aus dem Mekong und

Entdeckungen außerhalb des Zentrums

032ar Abb.: at

EXTRATIPP

Abstecher zum Wat Athvea

Dieser kleine Tempel aus dem späten 11. Jh. befindet sich in einem Dorf nicht weit von der Straße nach Phnom Krom. Der Tempel, aus der gleichen Bauperiode wie Angkor Wat und genau wie Angkor Wat nach Westen hin ausgelegt, wurde wohl nie ganz fertiggestellt, aber **die ruhige Atmosphäre**, der aktive *Wat* nebenan und die Dorfkinder, die immer präsent zu sein scheinen und kleine Führungen zu ihren Häusern und Feldern anbieten, sind einen Besuch wert. **Zum Neujahrsfest** kann man sich hier hervorragend den Kambodschanern beim Feiern anschließen.

●5 [bk] **Wat Athvea**, Wat Ahtwear Road, 7 km südlich von Siem Reap, Abzweigung von der Nationalstraße 63 auf der rechten Seite, durch ein Tempeltor gekennzeichnet. Von hier sind es noch knapp 300 Meter.

lässt den See um ein Fünffaches seiner Größe auf mehr als 12.000 Quadratkilometer anschwellen. Im Oktober, wenn der Druck des Mekong nachlässt, ändert der Tonlé-Sap-Fluss seine Richtung und das Wasser fließt wieder aus dem See ab. Als Besuchsziele um den See kommen ein „Floating Village" (die Häuser des Dorfes sind auf hölzerne, im Wasser schwimmende Plattformen gebaut), das Vogelschutzgebiet Praek Toal und einige auf Pfählen am Seeufer stehende Fischerdörfer in Frage.

Zunächst fährt man von Siem Reap aus 15 Kilometer an das Seeufer in **Phnom Krom** [bl]. Auf dem nahe liegenden gleichnamigen Hügel befindet sich ein kleiner Tempel aus der Angkor-Zeit. Hier muss das Ticket für den Angkor Archaeological Park vorgezeigt werden.

In dem „**Floating Village**" **Chong Neas** direkt vor Phnom Krom liegen alle Gebäude auf schwimmenden Holzplattformen: Wohnhäuser, Geschäfte, Tankstellen, Karaokebars, eine Schule und die Polizeiwache. Viele der Bewohner kommen aus Vietnam. Das Dorf ist recht schmutzig und hat leider seinen Charme aufgrund des Touristenandrangs verloren. Es lohnt sich jedoch, am **Gecko Environment Center** haltzumachen, wo es eine gute Austellung über das Ökosystem des Sees zu sehen gibt.

Von den hiesigen Anlegestellen fahren die Fähren nach Battambang und Phnom Penh und ab hier gibt es auch Bootstouren.

Es ist teuer, eine Fahrt zum **Vogelschutzgebiet Praek Toal** selbst zu organisieren, da die Bootsmafia in Phnom Krom hohe Preise verlangt. Ein Boot für zwei Personen zur Prek Toal Environmental Research Station kostet US$ 60. Dazu kommen US$ 20 Eintrittsgeld in das Schutzgebiet und US$ 30 für eine Bootsfahrt mit Führer. Besser ist es, eine Tour über das eigene *Guesthouse* zu buchen. Die vielen Störche, Pelikane, Adler und zahlreiche anderen Wasservögel kann man am besten zwischen Dezember und Mai beobachten. Frühmorgens oder am späten Nachmittag sieht man die meisten Vögel, daher ist es keine schlechte Idee, direkt in einem der sehr einfachen Zimmer bei der Environmental Research Station zu übernachten (US$ 20).

Wer einen Eindruck davon bekommen möchte, wie die Menschen um den Tonlé Sap leben, kann eine **typische Dorfgemeinschaft** nordöstlich des Sees besuchen. Die Häuser in Kampong Phluk und Kampong Khlaeng stehen auf Pfählen im Wasser. Während der Trockenzeit sind die Dörfer über Land erreichbar und die Gebäude befinden sich mehr als sechs Meter über dem Erdboden. In der Regenzeit steigt der Wasserspiegel bis auf einen Meter unter den Hausboden an. Ein Boot ab Chong Neas bis Kampong Phluk kostet ca. US$ 50 für zwei Personen. Das etwas weiter entfernt liegende Kampong Khlaeng kann sowohl von Chong Neas per Boot als auch von dem Städtchen Domdek an der Nationalstraße 6 erreicht werden. Kompong Phluk kann während der Regensai-

EXTRATIPP: Bootstouren auf dem Tonlé Sap

Wer keinen Stress haben und eine Bootstour buchen will, kann das bei den folgenden Firmen tun:

- **6** [B6] **Sam Veasna Center,** Street 26, Office Siem Reap, Tel. 063963710, www.samveasna.org, täglich geöffnet. Das Sam Veasna Center bildet Kambodschaner zu Vogelexperten und Führern aus und bietet Tagestouren durch Praek Toal und zu anderen vogelreichen Gebieten an. Im Winter gibt es auch längere Exkursionen innerhalb von Kambodscha. Diese Form von Tourismus wird von diversen Tierschutzverbänden unterstützt.

› **Tara River Boat,** Chong Neas, Tel. 092957765, www.taraboat.com. Dieses Boot ist das größte Schiff auf dem Tonlé Sap und kann bis zu 250 Passagiere aufnehmen. Touren durch das *Floating Village* Chong Neas gibt es ab US$ 29, nach Prek Toal zahlt man satte US$ 165. Essen, Gebühren und ein Taxidienst vom Hotel sind im Preis inbegriffen. Eine Fahrt, um den Sonnenuntergang zu erleben, kostet mit Abendessen und Getränken US$ 36. Touren nach Kampong Phluk und Kampong Khlaeng werden ebenfalls angeboten.

› **Cambodian Travelpartner,** Tel. +43 6769275681, 063963242, http://reisenachkambodscha.de. Ganz- und mehrtägige Touren auf dem Tonlé Sap, zum Teil mit Kajaks, vor allem auch für Vogelbeobachter geeignet, die im Winter auf ihre Kosten kommen.

› Noch ein Tipp zum Schluss: In Phnom Krom kann man auch ein **kleines Boot für zwei Personen** für eine individuelle Fahrt durch das *Floating Village* Chong Neas mieten. Die Preise liegen bei ca. 10 bis 20 $ die Stunde für zwei Personen. Man sollte immer freundlich handeln.

Fischparadies in Gefahr

*Der Tonlé Sap ist der größte See in Südostasien. Mehr als **800 Fischarten** sind im Tonlé Sap zu Hause und es werden über 230.000 Tonnen Fisch im Jahr gefangen. Besonders im Januar und Februar kann man den Fischern beim Einholen der übervollen Netze zusehen. Mehr als 60 % der Proteinversorgung der kambodschanischen Bevölkerung stammt aus diesem See. Der Tonlé Sap ist damit eine äußerst wichtige Lebensader des Landes.*

*Wenn die Regenzeit im Juni beginnt, drücken die Fluten des von Laos nach Kambodscha fließenden Mekong den Tonlé-Sap-Fluss aufwärts und ergießen sich in den See, der sich in kurzer Zeit von 2500 auf 16.000 Quadratkilometer ausdehnt. Die durchschnittliche **Wassertiefe steigt von zwei auf neun Meter** und bietet so unzähligen wandernden Fischen nahrungsreiche Laichplätze. Im Oktober, wenn der Wasserdruck vom Mekong aus nachlässt, ändert der Tonlé-Sap-Fluss die Richtung, das angestaute Wasser fließt in den Mekong zurück.*

Massive Fluten ließen 2011 den Tonle-Sap-See und die Flüsse des Landes so stark anschwellen, dass - so berichtete die UNO - 1,2 Millionen Menschen zeitweise obdachlos waren. 2013 waren wieder rund 1,5 Millionen Menschen von allzustarken Monsunfluten betroffen.

*1997 ernannte die UNESCO den See zu einem Umweltschutzgebiet. Im Jahr 2000 verabschiedete die kambodschanische Regierung ein Gesetz, dass das Fangvolumen halbieren und die Fischer zugleich vom illegalen Fischfang abhalten soll. Dennoch hat der Tonlé Sap **massive ökologische Probleme.** Die schwindende Bewaldung rund um den See, neue Infrastrukturprojekte - Straßen, Brücken und Dämme - sowie stetig wachsende Bevölkerungszahlen und ein viel zu großes Fangvolumen haben seit Kriegsende zu ernsten Umweltschäden wie z. B. dem Verlust von Laichplätzen für die Fische geführt.*

*Die Situation am Tonlé Sap ist auch davon abhängig, was weiter nördlich am Mekong passiert. Wenn sich der Rhythmus oder das Volumen der alljährlichen Fluten aufgrund der zahlreichen **Dammbauvorhaben in China und Laos** ändern sollte, ist die Artenvielfalt innerhalb des Tonlé Sap bedroht, was zu Hungersnöten bei der auf den Seefisch angewiesenen Bevölkerung führen könnte.*

---

son per Boot von Roulos Village erreicht werden (US$40–60).

Generell ist es **am preisgünstigsten** – und vor allem am geruhsamsten – die Attraktionen auf dem Tonlé-Sap-See im Rahmen eines im eigenen Hotel oder *Guesthouse* oder bei den unten erwähnten Anbietern vorgebuchten Gruppenprogramms zu besuchen.

> Preise für Reisende, die ihr eigenes Programm auf der Chong Neas Bootstour gestalten wollen: US$ 10 Pers./ 2 Std., bis zu 15 Passagiere; Praek Toal US$ 100 Pers./Tag; Kampong Phluk US$ 30 Pers./Halbtag, Kampong Khlaeng US$ 65 Pers./Halbtag. Boote zu allen erwähnten Zielen können in Phnom Krom organisiert werden, täglich geöffnet.

> **Gecko Environment Center,** befindet sich auf einem Floß in Chong Neas, tägl. geöffnet 8.30–17 Uhr, Tel. 012 967902, https://jinja.apsara.org/gecko

SIEM REAP VERSTEHEN

Das Antlitz Siem Reaps

Siem Reap hat heute etwa 230.000 Bewohner (die gesamte Provinz Siem Reap umfast knapp eine Million Einwohner) und liegt im Nordwesten Kambodschas, 15 Kilometer nördlich vom Tonlé-Sap-See und sechs Kilometer südlich vom Angkor Archaeological Park. Wer Kambodscha nicht kennt, gewinnt möglicherweise während eines Besuchs den Eindruck, es gäbe im ganzen Land gute, saubere Straßen, Kaufhäuser und Krankenhäuser. Dem ist leider nicht so. Und während Siem Reap durch die Angkor-Tempel in den letzten gut zwanzig Jahren beinahe zu einer zweiten Hauptstadt geworden ist, so ist die Provinz Siem Reap noch immer eine der ärmsten Kambodschas.

Glücklicherweise sieht Siem Reap noch relativ gut aus, angesichts der immerhin fast zwei Millionen Menschen, die jährlich die Angkor-Tempel besuchen. Außer Angkor sehen zu wollen, gibt es eigentlich keinen Grund nach Siem Reap zu reisen.

Der alte, restaurierte französische **Stadtkern** [B5/B6] liegt direkt am westlichen Flussufer des Siem Reap, der sich von Norden nach Süden durch die Stadt schlängelt.

Nördlich des Stadtkerns und ebenfalls westlich des Flusses befindet sich das weitläufige Old French Quarter mit den **Royal Independence Gardens** ㉚, der königlichen Residenz und einigen Luxushotels. Die **Sivatha Road** [B4–A6] ist die Hauptstraße der Stadt und verläuft auf der westlichen Seite parallel zum Fluss. Die Straße zum internationalen Flugplatz, der sieben Kilometer westlich von der Stadt liegt, ist mit ihren riesigen Hotels, die meist von Pauschaltouristen belegt werden und teilweise schon recht heruntergekommen und renovierungsbedürftig sind, keine sonderlich attraktive Gegend. Hier befindet sich allerdings das **Cambodian Cultural Village** ㉘. Im Süden der Straße zum Flugplatz gibt es ein Gewirr teils unasphaltierter Gassen, in denen jedoch eine Reihe ordentlicher Gasthäuser und guter Restaurants zu finden ist. Nördlich des Old French Quarter führt die Straße am Raffles Grand D'Angkor (s. S. 127), dem ältesten Luxushotel der Stadt, und am **Angkor National Museum** ㉞ vorbei zum Angkor Archaeological Park. Am östlichen Flussufer stehen einige auffallende Pagoden *(Wats),* nach denen die umliegenden Stadtteile benannt wurden. Im Süden der Stadt, in der ruhigeren Gegend um **Wat Damnak** ㉝ gibt es weitere Hotels. Auch im Viertel um **Wat Bo** ㉛ etwas weiter nördlich sind Gasthäuser, Hotels und Restaurants zu finden. Noch weiter nördlich, also genau östlich des Raffles Grand D'Angkor erstreckt sich das fast dörfliche Gebiet um **Wat Lanka**, eine ruhige Unterkunftsalternative zu den weiter entfernt gelegenen Stadtteilen. Südlich des Stadtkerns befinden sich an der Flussstraße nach Phnom Krom und zum Tonlé-Sap-See ㊲ auch noch einige Hotels, Restaurants und Geschäfte sowie der kleine **Wat-Athvea-Tempel** (s. S. 76), eine sehenswerte Ruine aus dem 11. Jh. Am östlichen Ufer des Flusses liegen etliche kleine Dörfer, in denen viele der Hotelangestellten leben.

Die Stadt bietet keine großen architektonischen Meisterwerke und unter der relativ organisierten Oberfläche hat Siem Reap massive Infrastrukturprobleme. Der Verkehr hat enorm zugenommen und so kommt es am frühen Abend regelmäßig zu massiven Staus in der Innenstadt. Die Preise sind aufgrund der Besucherzahlen dermaßen in die Höhe geschnellt, dass viele Einheimische sich ein Leben in der Stadt nicht mehr leisten können. Aber Siem Reap bietet das, was die meisten Besucher – ob Rucksacktourist oder Hollywoodstar – erwarten: **Die Stadt funktioniert als Basis**, um eine Besichtigung der Tempel und alles, was dazugehört, so angenehm wie möglich zu machen.

Siem Reap ist über gute Verkehrswege, die **National Highways 6 und 5**, mit der thailändischen Grenze bei Poipet verbunden, die Strecke ist mit einem Taxi gut in zwei Stunden zu bewältigen. Auch die Straßen nach Phnom Penh und Battambang wurden in den letzten Jahren enorm verbessert. Sowohl die Hauptstadt Kambodschas als auch Battambang sind leicht per Bus und Taxi sowie zwischen Juli und März per Boot zu erreichen.

Von den Anfängen bis zur Gegenwart

Siem Reap ist eine widersprüchliche Stadt in einem widersprüchlichen Land. Schon der Name ist kontrovers, denn Siem Reap bedeutet so viel wie „Thailand in die Knie gezwungen". Einst befand sich ein paar Kilometer nördlich des heutigen Stadtkerns mit Angkor eines der großen Reiche Südostasiens. Dann geriet die Gegend fast 600 Jahre lang in Vergessenheit. In der zweiten Hälfte des 19. Jh. besuchten zum ersten Mal Franzosen, deren Kolonialherrschaft in Kambodscha gerade begonnen hatte, die Angkor-Ruinen. Siem Reap war damals kaum mehr als ein kleines Dorf. Aber das sollte sich schnell ändern. Innerhalb der nächsten Jahre wurde Angkor Wat zu einem Symbol der Kolonialherrschaft Frankreichs und fand Einlass in das europäische Kulturbewusstsein. 1907 wurde die von den Siamesen besetzte Provinz Siem Reap an Kambodscha und damit die Franzosen zurückgegeben. Seitdem ist das Schicksal der Stadt eng mit dem der Tempel verbunden.

1907: Die Archäologen der École Française d'Extrême-Orient arbeiten daran, die Tempel aus dem festen Griff des Dschungels zu befreien. Schon kommen die ersten Touristen nach Siem Reap – zunächst ein paar Hundert von Phnom Penh aus. Per Boot überqueren sie den Tonlé-Sap-See, dann fahren sie mit einem kleineren Boot den Siem-Reap-Fluss hinauf und schließlich mit einem Ochsenkarren zu den Tempeln, wo sie dann als die Pioniere des Massentourismus in Strohhütten schlafen und selbst kochen müssen.

▷ *Siem-Reap-Fluss mit Uferstraße*

1929: Das erste Luxushotel, das Grand Hotel D'Angkor, eröffnet in Siem Reap und bis zum Beginn des Zweiten Weltkriegs klettern mehr und mehr betuchte Reisende auf den Tempelruinen herum. Zu dieser Zeit ist es noch möglich, auf dem Markt in Siem Reap Originalskulpturen aus den Tempeln zu erstehen.

1953: Auch nach dem Zweiten Weltkrieg und vor allem, nachdem Kambodscha 1953 unter der Führung des jungen, charismatischen Königs Norodom Sihanouk

Die Roten Khmer

Nachdem die USA während des Vietnamkrieges in den späten 1960er-Jahren ca. eine halbe Million benachbarter Kambodschaner durch Bombenangriffe getötet hatten, begann sich in vielen Landesteilen Kambodschas eine **Guerillabewegung** *zu organisieren – der damalige Staatschef und frühere König Norodom Sihanouk nannte sie „Khmer Rouge", „Rote Khmer".*

Amerikas Eingriff in die Politik Kambodschas führte im Jahr 1972 auch zum Fall Sihanouks, woraufhin **konservative Militärs die Regierungsgewalt** *übernahmen. Die Roten Khmer eröffneten mit Hilfe der Vietnamesen und der Unterstützung Sihanouks den Kampf gegen die Militärregierung und gelangten schließlich im April 1975 an die Macht.*

In den folgenden Wochen führten diese „Steinzeitkommunisten" eine **radikale Revolution** *durch: Schulen und Fabriken, Banken und die Post wurden geschlossen, das Geld wurde abgeschafft und die Einwohner der Städte wurden auf kollektive Farmen getrieben, wo in den folgenden 3 Jahren und 8 Monaten ca. zwei Millionen Menschen ermordet wurden oder verhungerten, das war knapp ein Viertel der damaligen Bevölkerung. Diesem Agrarkommunismus der Roten Khmer fielen fast alle Künstler und Denker des Landes zum Opfer. Zigtausende Opfer der Roten Khmer wurden in sogenannten* **Killing Fields** *– Exekutionsstätten und Massengräber, die über das gesamte Land verstreut sind – erschlagen und vergraben. Erst gegen Ende des Terrorregimes wurde klar, wer die* **Führungsmannschaft der Roten Khmer** *bildete: Pol Pot, Khieu Samphan, Nuon Chea, Ieng Sary und eine Reihe anderer Intellektueller, die in den 1950er-Jahren gemeinsam in Paris studiert hatten.*

Im Januar 1979 befreiten die Vietnamesen Kambodscha und vertrieben die Roten Khmer aus der Hauptstadt Phnom Penh. Da die USA gerade den Krieg gegen Vietnam verloren hatten, unterstützten sie die flüchtenden Roten Khmer, die sich in den Westen des Landes zurückzogen und weitere 18 Jahre lang einen **Bürgerkrieg** *gegen die von den Vietnamesen eingesetzte neue Regierung des Landes führten. Auch dieser Krieg forderte Tausende von Opfern. Deutsche Waffen und britisches Militärtraining halfen den Kommunisten, den Krieg über Jahre fortzusetzen. Die Roten Khmer repräsentierten Kambodscha sogar bei den Vereinten Nationen.*

Erst mit der Ankunft der UNTAC, der „United Nations Transitional Authority of Cambodia", im Jahr 1993 begann ein effektiver Friedensprozess mit relativ freien Wahlen, die allerdings von den Roten Khmer boykottiert wurden. König Norodom Sihanouk kehrte auf den Thron zu-

die Unabhängigkeit von Frankreich erreicht hat, bleibt Angkor weiterhin eine der ganz großen Attraktionen Asiens. Siem Reap erlebt bis in die späten 1960er-Jahre einen Bauboom nach dem anderen. Selbst Prominente wie Charlie Chaplin kommen, um sich die beeindruckenden Tempel anzusehen.

rück. *Bis 1997 aber kämpften bis zu 10.000 Rote Khmer weiter gegen die Regierung in Phnom Penh.* Nachdem dann die letzten Kämpfer der Roten Khmer zu den Regierungstruppen übergelaufen waren, herrschte seit den späten 1960er-Jahren erstmals wieder Frieden im Land.

Pol Pot starb unter mysteriösen Umständen im Jahr 1998. Es wird noch Generationen dauern, bis sich Kambodscha von seinen Kriegsjahren erholt hat. 2007 begann ein Prozess der Vereinten Nationen, aber nur drei Führungskader der Roten Khmer wurden verurteilt. Da eine ganze Reihe zweitrangiger Parteifunktionäre der Roten Khmer **auch heute noch in der Regierung Kambodschas** sitzt (allen voran Premierminister Hun Sen), im UN-Gerichtsprozess die Unterstützung der Roten Khmer durch die USA, China und den früheren, 2012 verstorbenen König Norodom Sihanouk nicht angesprochen wurde und es nur zu drei Verurteilungen kam, ist es unwahrscheinlich, dass der Prozess eine heilende Wirkung auf die Psyche der Nation hatte.

Viele junge Kambodschaner wissen nicht viel über ihre jüngste Vergangenheit und die Roten Khmer, obwohl der Völkermord inzwischen in den Lehrplänen steht. 43 Jahre nach der Machtübernahme der Roten Khmer ist jedoch die Angst vor dem Staat weiterhin allgegenwärtig und bildet das Erbe der vielleicht radikalsten Revolution des 20. Jahrhunderts.

1972: Anfang der 1970er-Jahre ist alles vorbei. In Kambodscha herrscht Bürgerkrieg. (Siehe dazu den Exkurs „Die Roten Khmer" links.) Während Regierungstruppen und Rote Khmer zwischen Siem Reap und Angkor Wat kämpfen, fahren täglich mehr als 3000 Arbeiter und Archäologen von der Stadt durch die gegnerischen Linien zum Tempel, bis 1972 alle Restaurierungsarbeiten aufgegeben werden.

1975: Im April übernehmen die Roten Khmer die Macht in Kambodscha und kurz darauf wird die gesamte Bevölkerung von Siem Reap aufs Land getrieben. Wie alle anderen Städte im Kambodscha bleibt Siem Reap bis ins Jahr 1979 eine Geisterstadt.

1993: Mit UNTAC (United Nations Transitional Authority of Cambodia) kommt die UNESCO nach Kambodscha und Angkor wird in das Weltkulturerbe aufgenommen. Die ersten internationalen Touristen kehren nach Angkor zurück, obwohl die Provinz Siem Reap schwer vermint ist und es in der Umgebung der Stadt noch immer gelegentliche Angriffe von Einheiten der Roten Khmer gibt.

1994: Die erste Anordnung König Norodom Sihanouks nach seiner Rückkehr auf den kambodschanischen Thron gilt dem Schutz der Angkor-Tempel vor kommerziellen Interessen und unsensiblen Restaurationsarbeiten.

1997: Das restaurierte Raffles Grand Hotel D'Angkor wird eröffnet.

1999: Die für die Erhaltung der Tempel verantwortliche Apsara Authority und die kambodschanische Firma Sokimex führen ein offizielles Ticketsystem zu den Tempeln ein. Alle Besucher müssen ihre Eintrittspässe nun an einem Kiosk zwischen Siem Reap und Angkor Wat kaufen. Zunächst kommt nur ein Bruchteil der Einnahmen den Tempeln zugute.

2001: Der neue, von Premierminister Hun Sen ernannte Direktor der Apsara Authority verkündet: „Das Jahrzehnt der Bewahrung der Tempel ist vorbei. Das Jahrzehnt der Entwicklung hat begonnen" und läutet damit den langfristig unhaltbaren Massentourismus ein.

2004: Erstmals besuchen mehr als eine Million Touristen Kambodscha. Die meisten fahren oder fliegen direkt nach Siem Reap. Der Rest des Landes wird kaum besucht.

2014: Um die zwei Millionen Touristen besuchen Kambodscha. Angkor Wat ist eines der populärsten Touristenziele der Welt und Siem Reap hat sich in kaum mehr als zehn Jahren zur sichersten, saubersten und teuersten Stadt Kambodschas entwickelt.

2016: Die kambodschanische Regierung beendet die Zusammenarbeit mit der Firma Sokimex und managt das Ticketsystem für die Tempel nun selbst. Siem Reap hat ca. 650 Hotels.

2017: Zum ersten Mal seit den 1990er-Jahren wird am 1. Februar der Eintrittspreis zu den Tempeln erhöht.

2018: Es werden mehr als sechs Millionen Touristen in Kambodscha gezählt, von denen 2,5 Millionen die Angkor-Tempel besuchen.

2018: Das Ende der kambodschanischen Scheindemokratie wird mit der Wahl im Juli eingeläutet, vor der die CNRP (Cambodian National Rescue Party), die einzig seriöse Oppositionspartei, verboten wird. Kein Wunder, dass Hun Sens CPP (The Cambodian People's Party) dann auch dreist alle Sitze im Parlament übernimmt und der Bevölkerung Kambodschas jegliches politisches Mitspracherecht entzieht.

▷ *Landminenopfer mit seinem mobilen Buchladen in Siem Reap*

Leben in der Stadt

Das Leben in Siem Reap war schon immer auf das Engste mit den Angkor-Tempeln verbunden, die ja nur ein paar Kilometer nördlich vom Stadtzentrum liegen. Nachdem Kambodscha in der zweiten Hälfte des 19. Jh. zu einer Kolonie Frankreichs geworden war, bauten die Franzosen im Zuge der Freilegung und Restaurierung der Tempel das Dorf zur Kleinstadt aus. In den Jahren nach der Unabhängigkeit 1953 behielt die Stadt einen Hauch ihrer kolonialen Vergangenheit. Während der Herrschaft der Roten Khmer standen Stadt und Tempel leer. Nach dem Kriegsende 1997 begann das sehr heruntergekommene Siem Reap neu aufzublühen und inzwischen hat sich der Ort **zur zweitwichtigsten Stadt des Landes entwickelt.** Während das Zentrum geschmackvoll restauriert wurde, dehnt sich der Rest der Stadt wegen der ständig wachsenden Besucherzahlen jedes Jahr zunehmend in Richtung der Tempel aus. Aufgrund der Korruption ist die Stadtplanung außerhalb des Zentrums chaotisch und **der unkontrollierte Bauboom ist langfristig nicht tragbar.** Der Grundwasserspiegel ist wegen des höheren Wasserverbrauchs so abgesunken, dass die Tempelfundamente bedroht sind. Trotz ihrer Wirtschaftskraft hat die Stadt auf nationaler Ebene kaum Einfluss, denn die politische Macht sitzt in Phnom Penh. Heute ist Siem Reap fast **komplett vom Tourismus abhängig.**

Kambodscha ist im Aufschwung begriffen, aber die Narben der Kriegszeit liegen noch immer unter der sanften, lächelnden Oberfläche des Landes. Die meisten Bewohner der Stadt oder der Dörfer in der Umgebung arbeiten entweder in der Tourismusbranche oder wie ihre Eltern und Großeltern auf dem Reisfeld. **Kinderarbeit** ist allgegenwärtig, das Bildungswesen funktioniert nicht richtig, der Bürger hat Angst vor den Repräsentanten des Staats und man lebt von heute auf morgen und von der Hand in den Mund. Daran wird sich auch in absehbarer Zeit vermutlich nichts ändern.

Tourismus in Angkor: Wann ist das Gute des Guten zu viel?

Im frühen 20. Jahrhundert ließen die ersten französischen Touristen einiges aus den Angkor-Ruinen mitgehen. Manch ein besonders mutiger Besucher wie der französische Schriftsteller und spätere Regierungsminister André Malreaux klaute gleich eine ganze Tempelwand (s. S. 65). So begann der Tourismus in den Jahren nach der „Wiederentdeckung" der Tempel.

Heute sind zumindest die Gebäude im Angkor Archaeological Park vor Dieben geschützt, dennoch macht sich der Touristenstrom – um die 2,5 Mio. Millionen Menschen im Jahr – negativ bemerkbar. Der unglaubliche **Verkehr um die Tempel** führt zu fast permanenten Vibrationen, was die Fundamente der Ruinen gefährdet. Die Abgase Tausender Fahrzeuge, die durch den Park fahren, greifen die Ruinen an. Die Millionen Füße, die über weichen Sandstein klettern, hinterlassen ihre Spuren. Der Grundwasserspiegel ist durch den hohen Wasserverbrauch in den Hotels von Siem Reap abgesunken, sodass das Fundament des Bayon sich zu senken droht. Dabei hätte es nicht soweit kommen müssen. Als Angkor 1993

028ar Abb.: at

zum **UNESCO-Weltkulturerbe** ernannt wurde, hatte Vann Molyvann, Kambodschas bekanntester Architekt und damals Präsident der Apsara Authority (der Organisation, die für das Management der Tempel verantwortlich ist) der Regierung Pläne vorgelegt, die eine vorsichtige, der Umwelt gegenüber sensible Konzeption für den Bau der Hotels und Geschäftszonen in Siem Reap vorsahen. Molyvann wurde gefeuert und Hotels werden **ohne Rücksicht auf die Umwelt** aus dem Boden gestampft, denn allein die Tempel unterliegen der Apsara Authority. Auch der eigentlich idyllische Siem-Reap-Fluss ist inzwischen verschmutzt und um das Grundwasser zu erreichen, sind nun Bohrlöcher von 90 m anstatt von 10 m Tiefe notwendig.

Ein weiteres Problem ist die weit verbreitete **Korruption**. Die Eintrittsgelder für den Angkor Archaeological Park wurden bis 2016 von Sokha

Tourismus in Angkor: Wann ist das Gute des Guten zu viel?

Hotel, einem Zusammenschluss von Sokimex, einer Petroleumfirma, und der Apsara Authority, eingenommen. Im Jahr 2008 sanken die Einnahmen um zwei Millionen Dollar, obwohl sich die Besucherzahlen erhöhten. Man fand nie heraus, wohin dieses Geld verschwunden war. Obwohl die Tempel jährlich viele Millionen einbringen, **fließen die Touristendollars weitestgehend an Geschäftsleute** mit Beziehungen zur Regierung und tragen kaum zum Erhalt der Tempel oder zum Wohlstand der Bewohner von Siem Reap bei, das noch immer eine der ärmsten Provinzen des Landes ist.

Auch die Initiativen der Apsara Authority, die negativen Auswirkungen des Touristenandrangs zu lindern, schlagen oft fehl. Vor ein paar Jahren wurden etwa **elektrische Fahrräder** eingeführt, die man für US$ 4 pro Tag leihen und dann an einigen Tempeln aufladen konnte. Leider waren viele der Räder schon nach kurzer Zeit nicht mehr funktionsfähig. Die Batterien liefen aus und giftige Chemikalien verunreinigten die Straßen um die Tempel. Man stellte den Betrieb wieder ein. Inzwischen ist es allerdings möglich, besser funktionierende E-Bikes zu mieten.

Ironischerweise wurde das Angkor-Reich zu seiner Zeit nicht durch militärische Macht, sondern durch Wassermangel und planlose Expansion von Infrastruktur in die Knie gezwungen. Es sieht fast so aus, als wäre Siem Reap dabei, die Fehler zu wiederholen.

Die Tempelkinder

*Kaum ist man staunend vor einem der Tempelwunder Angkors aus seinem Transportmittel gestiegen, schon wird man von Kindern umringt, die sich die Strategien eines Sondereinsatzkommandos angeeignet haben, um ihre Souvenirs – so ziemlich alles von T-Shirts zu fotokopierten Büchern und von Armbändern zu Kühlschrankmagneten – an den Mann oder die Frau zu bringen. Meist sprechen diese 8- bis 15-Jährigen **mehrere Sprachen fließend** und lassen sich durch keine auch noch so resolute Ablehnung abwimmeln.*

Einige NGOs („non governmental organisations") warnen davor, diesen Kindern etwas abzunehmen, mit der Begründung, dass damit das Betteln gefördert würde. Allerdings sind das oft die gleichen Organisationen, die versuchen, Besuchern übertreuere Produkte zu verkaufen, um die eigene Existenz zu rechtfertigen.

*Derzeit leben mehr als 1000 Kinder und deren Angehörige vom Souvenirverkauf in den Tempeln und da in Kambodscha jedes Kind für den Schulunterricht Bargeld an den Lehrer zahlen muss und die kambodschanische Regierung nicht bereit ist, die Ärmsten der Armen zu unterstützen, **sind die Kinder auf die Einnahmen aus diesen Verkäufen angewiesen**.*

Besucher sollten selbst entscheiden, wie sie mit dieser Situation umgehen. Es gilt zu bedenken, dass trotz des Massentourismus und der zahllosen Projekte von Hilfsorganisationen die Provinz Siem Reap noch immer eine der ärmsten des ganzen Landes ist. Bei den meisten Einheimischen kommt von den einfließenden Geldern nicht viel an.

Zur richtigen Zeit am richtigen Ort

Die besten regelmäßig stattfindenden Kulturveranstaltungen sind im **Phare-Ponleu-Selpak-Zirkus** zu sehen (s. Foto). Die gleichnamige Kunstschule bietet jungen Menschen in Kambodscha Unterricht in Theater, Musik und dem Zirkushandwerk. Die besten Schüler werden zu professionellen Akteuren für die höchst akrobatischen und inzwischen international bekannten Zirkusaufführungen ausgebildet, die in einem großen roten Big-Top-Zelt stattfinden. Die Shows wechseln viermal die Woche und sind dramatisch, professionell und unbedingt sehenswert.

●7 [bj] **Phare-Ponleu-Selpak-Zirkus,** Kreuzung Ring Road und Sok San Road, Tel. 92225320, http://pharecircus.org, Eintritt: US$ 18–38 für Erwachsene und US$ 10–18 für Kinder über 5 Jahren. Los geht es um 19.30 Uhr.

Ebenfalls einen Besuch wert ist das **Bambu Stage**, etwas südlich vom Tempel Wat Damnak ㉝ gelegen, wo allabendlich eine Reihe von Darbietungen und Filmevents stattfindet. „Angkor Decoded" (dienstags 19 Uhr) ist eine faszinierende Multimediashow, die einen Einblick in den Bau der Tempel gibt. „Snap, 150 Years Photography in Cambodia" (freitags 19 Uhr) bietet eine Einführung in die moderne Geschichte Angkors von den ersten Film- und Fotoaufnahmen der Tempel bis zu den Filmen des früheren Königs Norodom Sihanouk. „Bambu Puppets" (Mo., Mi./Do., Sa) ist traditionelles Schattenpuppentheater. Tickets kosten zwischen US$ 18 und US$ 38 (Tel. 0977261110, http://bambustage.com).

Gelegentlich werden die Tempel für Events genutzt: 2008 spielte die Band Placebo direkt vor Angkor Wat.

Einige Hotels organisieren gelegentlich **Abendessen im Schatten der Tempel**, ein teures Vergnügen.

Feiertage

- 1.1.: Neujahr
- 7.1.: Tag der Befreiung
- 5.2./25.1: Chinesisches Neujahr*
- 19.2./8.2.: Meak-Bochea-Tag* (buddhistischer Feiertag)
- 8.3.: Tag der Frauen
- 14.4.–17.4.: Khmer-Neujahr*
- 1.5.: Tag der Arbeit
- 18.5./6.5.: Visaka-Buja-Tag* (Geburtstag des Buddha)
- 13.5./15.5.: König Sihamonis Geburtstag*
- 22.5./10.5.: Royal Ploughing Ceremony Day* (Auftakt der Reisbausaison)
- 1.6.: Internationaler Kindertag
- 18.6.: Geburtstag der ehem. Königin
- 24.9.: Tag der Verfassung
- 27.9.–30.9./16.9.–18.9.: Phum-Ben-Tag* (buddhistischer Feiertag)
- 15.10.: Gedenktag für König Sihanouk
- 23.10.: Gedenktag für den Friedensvertrag von Paris
- 29.10.: Tag der Krönung
- 10.11.–13.11./30.10.–2.11.: Wasserfest*
- 9.11.: Tag der Unabhängigkeit
- 10.12.: Tag der Menschenrechte

(*beweglicher Feiertag, 2019/2020)

Januar, Februar, März

› **Chinesisches Neujahr.** Ende Januar, Anfang Februar feiern die Chinesen Neujahr. Da in Kambodscha mehr als eine Million Khmer chinesischer Herkunft leben, sind zu dieser Zeit viele Geschäfte geschlossen.

April, Mai, Juni

› **Choul Chhnam** ist das kambodschanische Neujahrsfest. In dieser Zeit kommt das öffentliche Leben fast ganz zum Stillstand. Auch in Siem Reap haben Besucher die Gelegenheit, Kambodschas größten Feiertag zu erleben.

Juli, August, September

› **Bonn Pchum Ben.** Das Fest der Toten findet zwei Wochen lang im späten September oder frühen Oktober statt. Die Kambodschaner bringen Essen und andere Opfergaben in die Pagoden, um den verstorbenen Vorfahren Respekt zu zeigen.

Oktober, November, Dezember

› **Bonn Oum Took.** Das grandiose Wasserfest im Oktober oder November wird in Siem Reap und Phnom Penh gefeiert. In Siem Reap finden auf dem gleichnamigen Fluss Bootsrennen statt.

› **Angkor Halbmarathon**, www.cambodia-events.org/angkor-half-marathon. Dieser Wettlauf (auch für behinderte Teilnehmer) findet seit einigen Jahren im Dezember statt. Die Route führt mehrere Tausend Läufer durch den Angkor Archaeological Park. Die Einnahmen daraus und Spenden gehen an Minenopfer und an Initiativen, die junge Kambodschaner auf die Gefahren von HIV-Infektionen und Aids aufmerksam machen wollen.

Neujahr in Angkor

Angkor ist das nationale, emotionale, historische und finanzielle Herz Kambodschas. Dennoch haben mehr als die Hälfte aller Kambodschaner die Tempel im Nordwesten des Landes noch nie besucht. Viele holen das während **Choul Chhnam** *nach, dem Neujahrsfest der Khmer im April. Drei Tage lang quellen die Tempel über von Einheimischen, die auf Pick-ups und Lastern das Land auf seinen schlechten Straßen durchquert haben, um vor den Tempeln zu picknicken, zu feiern und in den aktiven Pagoden der Gegend zu beten.*

Traditionell werden am ersten Tag der Feierlichkeiten Räucherstäbchen angezündet und man betet an den Schreinen. Am zweiten Tag erhalten die Armen Almosen und man betet für die Vorfahren. Am dritten Tag schließlich werden die Buddhastatuen in den Tempeln gesäubert, was Glück und ein langes Leben bringen soll. Die **Kinder waschen traditionell die Hände ihrer Eltern** *und Großeltern als Zeichen von Respekt und in der Hoffnung, von den älteren Familienmitgliedern gesegnet zu werden.*

Wie in den Nachbarländern Thailand und Laos wird während der Feiertage auch viel Wasser verspritzt bzw. eimerweise über Passanten gegossen. Premierminister Hun Sen hat vor einigen Jahren den Verkauf und **Gebrauch von Wasserpistolen** *untersagt – und das in einem Land, in dem noch immer viele Zivilisten bewaffnet sind. In Kambodscha wird neben Wasser auch parfümierter Puder eingesetzt – und auf Besucher aus dem Ausland macht man besonders gern Jagd.*

PRAKTISCHE REISETIPPS

An- und Rückreise

Mit dem Flugzeug

Die meisten Besucher Kambodschas und vor allem Angkors kommen mit dem Flugzeug an. Siem Reap hat einen **internationalen Flughafen** mit direkten Flugverbindungen:

› nach **Bangkok** mit den teuren Bangkok Airways (www.bangkokair.com), Thai Smile (www.thaismileair.com/en), der preiswerteren Air Asia (www.airasia.com) und Cambodia Angkor Air (www.cambodiaangkorair.com).
› nach **Singapur** mit Silk Air (www.silkair.com) und mit Jet Star (www.jetstar.com).
› nach **Kuala Lumpur** mit Malaysia Airlines (www.malaysiaairlines.com) und der Billigfluglinie Air Asia (www.airasia.com).

Zudem gibt es **Flüge aus Hanoi, Danang und Ho Chi Minh City** mit Vietnam Airlines (www.vietnamairlines.com) und Cambodia Angkor Air. Viet Jet Air (www.vietjetair.com) verkehrt von Hanoi. Zudem gibt es direkte Verbindungen von Siem Reap nach China, Laos, Malaysia, Hong Kong, Südkorea und auf die Philippinen. Weitere Flüge kommen aus Qatar, Burma, Japan, Singapur, Südkorea, den Vereinigten Arabischen Emiraten und Vietnam. Air Asia, Cambodia Angkor Air, Thai Smile und Bangkok Airways fliegen **von Bangkok nach Phnom Penh**, von wo die Weiterreise nach Siem Reap per Inlandflug, Bus oder Taxi problemlos möglich ist. Cambodia Angkor Air fliegt auch nach Sihanaoukville.

◁ *Vorseite: Ein Elefant transportiert Touristen durch Angkor Thom* ❹

Der Flughafen von Siem Reap ist **acht Kilometer von Stadtzentrum entfernt**. Ein Minibus in die Stadt kostet US$ 9, eine Fahrt mit dem Taxi US$ 10, mit dem *Tuk-Tuk* US$ 9 und mit dem *Motodup* (Motorradtaxi) US$ 3. Wer ein Hotel vorgebucht hat, kann in der Regel einen Abholservice arrangieren.

Mit dem Bus

Touristen, die Siem Reap über Land ansteuern, kommen generell entweder aus Phnom Penh oder aus Poipet, einer schmuddeligen Kleinstadt an der thailändischen Grenze.

Alle folgenden Angaben gelten für einfache Fahrten. Die **Busstation von Siem Reap** liegt vier Kilometer östlich der Stadt an der Nationalstraße Nummer 6. Von hier fahren täglich ab 6.30 Uhr Busse **nach Phnom Penh**. Die Fahrt in die Hauptstadt dauert um die sechs Stunden und kostet US$ 8–15. Ältere Busse haben oft Pannen. Die beste Firma ist Grand Ibis, die auch einen Nachtservice bietet (US$ 15). Ein Motorradtaxi zur Busstation kostet US$ 3. Busse **nach Battambang** verkehren täglich ab 7.30 Uhr, das Ticket kostet US$ 6 für drei Stunden Fahrtzeit. Minibusse der Firma Mekong Express um 8 und 14 Uhr kosten US$ 7 und fahren etwas schneller. Es gibt täglich um 8.30 Uhr einen Bus, der über Phnom Penh **nach Ho Chin Min City** in Vietnam fährt (US$ 24). Fahrkarten für diesen Service bucht man besten im Hotel.

Busse **nach Poipet** starten nicht an der Busstation, Passagiere werden in der Regel an ihren Hotels abgeholt. Ein Busticket nach Poipet kostet US$ 7–9. Bei einer Fahrt **nach Bangkok**, mit Fahrzeugwechsel in Aranyaphratet, dem Städtchen auf der thai-

An- und Rückreise

ländischen Seite, liegen die Preise bei US$ 25, die Fahrtzeit beträgt 6 bis 8 Stunden. Hotels und *Guesthouses* können für einen kleinen Aufpreis Fahrscheine besorgen.

Einige kleinere **Grenzübergänge** nach Thailand befinden sich etwa 200 km nördlich von Siem Reap. Diese Grenzposten sind nicht mit öffentlichen Verkehrsmitteln zu erreichen und werden selten genutzt, obwohl sie für internationale Reisende geöffnet sind. Die Straßen zu ihnen sind teilweise nicht asphaltiert und nur in der Trockenzeit zu empfehlen.

Per Fähre

Die Zuverlässigkeit der Fähren, die Siem Reap über den Tonlé-Sap-See mit Phnom Penh und Battambang verbinden, hat in den letzten Jahren immer mehr nachgelassen. Auf diesen Routen gibt es gelegentlich **kleinere Unfälle oder Verzögerungen**. (So ging auf einer Reise von Phnom Penh nach Siem Reap dem Schiff, mit dem ich unterwegs war, mitten auf dem See das Benzin aus.) Manch ein Tourist hat hier auch schon sein Gepäck verloren. Dennoch – oder gerade deswegen – ist eine Fahrt über den Tonlé Sap ein Erlebnis.

Von August bis März **fahren täglich Boote von Phnom Krom**, 11 km südlich von Siem Reap, für US$ 35 nach Phnom Penh und fast das ganze Jahr für US$ 20 nach Battambang. Ein *Motodup* von Siem Reap zum Anleger kostet ca. US$ 3. Abfahrt des Bootes ist generell um 7 Uhr morgens. Tickets für das Boot können in Hotels oder *Guesthouses* gebucht werden.

Per Taxi

Siem Reap ist problemlos mit dem Taxi (in der Regel einem betagten Toyota Camry) von Phnom Penh (US$ 60, 3 bis 5 Stunden Fahrtzeit), Poipet (US$ 30–50, 2 bis 3 Stunden) und Battambang (US$ 40, 2 bis 3 Stunden) zu erreichen. Jedes Hotel oder *Guesthouse* kann einen Wagen mit Fahrer vermitteln.

Kambodschanischer Shuttlebus

Mit dem Auto und Motorrad

Wer sich auf Kambodschas Straßen wagt, kann problemlos von Phnom Penh, Battambang, Poipet oder den kleineren Grenzübergängen zwischen Thailand und Kambodscha nach Siem Reap anreisen. Zu beachten gilt allerdings, dass **Touristen offiziell weder in Siem Reap noch im Angkor Archaeological Park selbst fahren dürfen**. Inzwischen vermietet in Siem Reap allerdings eine ganze Reihe Geschäfte Motorroller und die Polizei ahndet das unerlaubte Fahren auch nicht mehr. Wer aber einen Unfall baut, kann eine **Menge Ärger** bekommen. In Kambodscha wird meist rechts gefahren. Die **Zahl schwerer Unfälle** ist erschreckend hoch. Es gibt aber nur eine Handvoll guter Krankenhäuser (siehe Medizinische Versorgung, S. 115). Fahrschulen, ein Mindestalter für Autofahrer und Führerscheine sind hier relativ neue Phänomene. Viele Autos sind zudem ohne Nummernschilder unterwegs. Sobald man sich etwas von den Stadtzentren und Hauptverkehrsadern entfernt, weichen **asphaltierte Straßen** holprigen Feldwegen. In der Regenzeit sind daher etwas weiter entfernte Tempel eher schwer zu erreichen.

Ausrüstung und Kleidung

Leichte Baumwollkleidung ist aufgrund des tropischen Klimas das ganze Jahr über zu empfehlen. Ein Hut zum Schutz vor der gnadenlosen Sonne Kambodschas ist unbedingt erforderlich, ebenso wie **Sonnencreme und Sonnenbrille**. Kalt wird es in Angkor nicht. An ein paar wenigen Wintertagen im Dezember oder Januar kann die Temperatur schon mal auf 20° Celsius sinken, aber ansonsten werden es Besucher aus Europa hier generell als heiß empfinden. In der **Regenzeit** empfiehlt es sich, eine Regenjacke und einen Schirm mitzubringen oder in Siem Reap zu kaufen. Für die Besichtigung der Tempel empfiehlt sich, festes Schuhwerk zu tragen.

Besucher sollten sich auch immer vergegenwärtigen, dass die Angkor-Ruinen sakrale Gebäude sind und dass Kambodscha ein konservatives Land ist, das fast 40 Jahre lang vom Rest der Welt isoliert war. Nachdem sich ein paar Besucher in den letzten Jahren nackt in den Tempeln fotografierten und die Bilder ins Netz stellten, werden seit August 2016 Touristen abgewiesen, die in zu knappen Hosen oder Hemden mit freien Schultern versuchen ein Ticket zu kaufen. Wenn man bei Polizei oder in Ämtern vorspricht, sollte man **so korrekt wie möglich gekleidet** sein und Shorts und Flip-Flops vermeiden, sonst wird man womöglich gar nicht erst ernst genommen.

Hygieneartikel von Tampons bis zu Windeln gibt es in den Supermärkten von Siem Reap zu kaufen.

Barrierefreies Reisen

Behinderte Besucher haben es in Kambodscha nicht leicht, obwohl in diesem Land viele Menschen auf Krücken und Prothesen angewiesen sind. **Rollstuhlfahrer** gibt es hier kaum. Einen Rollstuhl können sich die wenigsten Kambodschaner leisten und die Straßen und Bürgersteige sind ohnehin zu holprig dafür. In allen Tempeln müssen noch immer, obwohl man inzwischen vielerorts breite Holzstege angelegt hat, tausend Jahre alte Steintreppen erklommen werden. Dies sollte Rollstuhlfahrer allerdings nicht völlig abschrecken, denn in allen Haupttempeln sind Teile **mit etwas Mühe auch für Behinderte** zu erreichen.

Die Flughäfen in Siem Reap und Phnom Penh sowie einige der teureren Hotels in Siem Reap verfügen über Rollstuhlrampen. Im Zentrum von Siem Reap sind die Straßen asphaltiert und manche größere Hotels bieten eine **behindertengerechte Ausstattung.** Auf der Hotel-Website Asiarooms (www.asiarooms.com) kann man nachschauen, welche Hotels einen derartigen Service offerieren.

Diplomatische Vertretungen

› **Deutsche Botschaft in Phnom Penh,** No. 76–78, Street 214, Tel. (0)23 216193, www.phnom-penh.diplo.de, Besuchszeiten Mo, Mi, Fr 8.30–11.30 Uhr, elektronisches Terminvergabesystem per Website
› **Schweizer Generalkonsulat Phnom Penh,** Consulate general of Switzerland, No. 50, Street 334, Tel. (0)23 218305, www.eda.admin.ch/countries/cambodia/de/home/vertretungen/generalkonsulat.html
› **Österreichische Botschaft in Bangkok, Thailand,** 14 Soi Nantha-Mozart, Sathorn Soi 1, South Sathorn Road, Tel. 066 21 056710, www.bmeia.gv.at/oeb-bangkok. Österreich hat in Kambodscha keine diplomatische Vertretung. Die Botschaft in Bangkok ist da wohl die beste Alternative.

Ein- und Ausreisebestimmungen

Besucher aus dem Ausland benötigen einen noch mindestens sechs Monate gültigen Reisepass und ein Visum für die Einreise. Für eine Kurzreise nach Kambodscha empfiehlt sich ein **Touristenvisum,** das für nur eine Einreise 30 Tage gültig ist, US$ 30 kostet und für Deutsche, Schweizer und Österreicher an allen Grenzübergängen und internationalen Flughäfen erhältlich ist. Für den Antrag ist ein Passbild erforderlich. Wer keins hat, muss US$ 2 extra zahlen. Natürlich kann man sein Visum auch schon bei einer kambodschanischen Vertretung im Heimatland beantragen. Touristenvisa sind nur für eine einmalige Einreise gültig und können für US$ 45 um einen Monat verlängert werden. Es ist auch möglich, das Touristenvisum für US$ 30 (zzgl. US$ 7 Bearbeitungsgebühr) über das Internet zu erstehen. Das **E-Visa** kann man mindestens zwei Wochen vor der Einreise bei www.evisa.gov.kh beantragen. Dieses Visum lässt sich nicht verlängern und berechtigt nur zur einmaligen Einreise. Es ist möglich, an internationalen Grenzübergängen ein **E-Class-Visa** (Visum für Geschäftsreisende) zu beantragen, Kostenpunkt: US$ 35, 30 Tage gültig, mehrere Ein- und Ausreisen sind möglich. Nach einem Monat muss vom E-Class-Visum, je nach Umständen, zu einem EB- (Business Visa), EG- (für Besucher, die einen Job suchen) oder ER- (für Senioren) Visum gewechselt werden. Wer in Kambodscha arbeiten will, braucht dazu noch eine Arbeitserlaubnis.

Wer **über die Gültigkeitsdauer des Visums hinaus** in Kambodscha bleibt, hat bei der Ausreise für jeden zusätzlichen Tag US$ 5, ab dem zweiten Monat US$ 6, sowie US$ 30 für eine Visumsverlängerung zu zahlen. Eventuell kommen noch US$ 100 Strafe dazu. Dies sollte allerdings nur im äußersten Notfall erwogen werden.

Es lohnt sich nicht, Alkohol oder Zigaretten einzuführen. Die Preise sind hier ohnehin niedrig. Zollbestimmungen verbieten es strikt, **Antiquitäten** aus dem Land auszuführen. Haustiere können, sofern ein *International Veterinary Certificate* beantragt worden ist, nach Kambodscha mitgebracht werden. Weitere Informationen zum Mitführen von Tieren findet man im Internet unter www.pettravel.com/immigration/cambodia.cfm.

Einverständniserklärung für Minderjährige

Reisen Kinder nur mit einem Elternteil, kann sowohl bei der Ausreise als auch bei der Einreise eine Einverständniserklärung des anderen Elternteils erforderlich sein. Detailinfos erhält man beim Auswärtigen Amt und beim zuständigen Konsulat.

Einkaufen

Niemand fährt nach Siem Reap, um einzukaufen, aber es gibt hier fast alles, was in Kambodscha für Besucher zu erstehen ist – wenn auch zu leicht höheren Preisen gegenüber der Hauptstadt Phnom Penh. Seide und andere Textilien, Stein- und Holzskulpturen, Opiumpfeifen und oft kitschige Gemälde der Ruinen, aber auch annehmbare moderne Kunst kommen als Souvenirs in Frage. Die Geschäfte um den **Old Market**, in der autofreien Einkaufsstraße **The Passage** [B6], in der Alley West [A6] und in anderen Teilen der Stadt verkaufen meist teurere, aber auch qualitativ bessere und ungewöhnlichere kambodschanische Produkte als die Stände auf den Märkten. **Antiquitäten** dürfen nicht ausgeführt werden. Wer mit älteren Statuen erwischt wird und keinen Kaufnachweis vorlegen kann, muss mit einer Geldstrafe rechnen. Auf den Märkten werden Riel, US-Dollars und Thai Baht akzeptiert. Die teureren Geschäfte preisen ihre Produkte grundsätzlich in US$ an.

Märkte

Die Märkte der Stadt sind von frühmorgens bis in den frühen Abend geöffnet.

- 🛍8 [A5] **Angkor Night Market.** Dieser westlich der Sivatha Road gelegene Markt wurde speziell für Touristen eingerichtet und bietet fast 200 Stände voller Souvenirs, die oft nicht in Kambodscha produziert werden und auch auf den anderen Märkten erhältlich sind. Dennoch lohnt sich ein abendlicher Besuch – die Restaurants und Bars sorgen für Abwechslung vom Shopping und die Auswahl an Kleidung, Schmuck, DVDs und „Kunst" ist einen Blick wert. Der Angkor Night Market ist schon am späten Nachmittag geöffnet und die meisten Stände bieten ihre Waren bis Mitternacht feil.
- 🛍9 [B6] **Made in Cambodia Market.** Ein interessanter, recht feiner Markt auf der östlichen Flussseite, auf dem es nur Produkte gibt, die tatsächlich in Kambodscha produziert sind, darunter Textilien und Schmuck. Geöffnet tägl. 12–22 Uhr.
- 🛍10 [B6] **Old Market (Phsar Chas).** Direkt am Fluss, umgeben von restaurierten Kolonialbauten, liegt der Old Market – so etwas wie das heutige Stadtzentrum von Siem Reap. Hier werden an schier unzähligen kleinen Ständen und in den Geschäften Angkor-T-Shirts, Angkor-Bücher, Angkor-DVDs, Angkor-Schlüsselanhänger und alles, was man sonst noch mit dem Namen Angkor assoziieren kann, angeboten – selbst Angkor-Zigaretten gibt es. Aber auch allerlei exotische Objekte kann man erstehen: handgewebte Fischfallen, Geldscheine aus der Zeit der Roten Khmer (dieses Geld war nie im Umlauf) oder Flaschen, die in Alkohol eingelegte Skorpione oder Geckos enthalten. Wem das nicht exotisch genug ist, der kann an einigen Straßenständen um den Old Market gebratene Spinnen (Taranteln), Skorpione, Schlangen, Frösche und Bambuslarven erstehen.
- 🛍11 [cj] **Phsar Leu Thom Thmey,** 2 km östlich der Stadt an der Straße 6. Hier kaufen die Kambodschaner ein. Dieser neue Markt bietet keine Souvenirs, dafür aber von frühmorgens bis zum frühen Abend den kambodschanischen Alltag. Am lebendigsten ist das Geschehen morgens.
- 🛍12 [B6] **Sarom Night Market.** Dieser kleine Markt direkt neben dem Phsar Chas ist bis Mitternacht geöffnet und verkauft nur Produkte, die in Kambodscha produziert wurden, darunter – neben den üblichen steinernen Reproduktionen der Angkor-Skulpturen – auch Schmucksteine aus Pailin, dem früheren Hauptquartier der Roten Khmer, und aus Ratanakiri, einer abgeschiedenen, an Vietnam grenzenden Provinz im Nordosten des Landes.
- 🛍13 [B6] **Siem Reap Art Center Market.** Ebenfalls kambodschanische Produkte finden sich in dieser Ansammlung von Ständen gegenüber des Old Market ㉗ auf der östlichen Flussseite. Der Markt ist zu Fuß über eine Holzbrücke zu erreichen.

Geschäfte

- 🛍14 [B3] **Angkor Cookies,** Charles de Gaulle Ave, nahe dem Sofitel auf der rechten Seite, www.angkorcookies.com, geöffnet tägl. 9.30–19 Uhr. Hier gibt es essbare Souvenirs – Tee, Kaffee, den weltberühmten Kampot-Pfeffer, Schokolade, Palmzucker und andere einhei-

◁ *Einheimische Produkte im Old Market*

mische Produkte. Angeschlossen ist das Café Puka Puka, in dem Tee, Kaffee, Fruchtsäfte und Eis serviert werden.

› **Angkor Recycled,** zwei Filialen im Angkor Night Market (s. S. 95), www.angkor recycled.org. Modische und attraktive Taschen, Handtaschen und Portemonnaies, allesamt aus Reissäcken gefertigt.

🛍 **15** [B6] **Art Book,** in der Nähe des Old Market, geöffnet tägl. 9 – 22 Uhr, ist eine Geschäftskette aus Vietnam, die sich auf Bücher über Kambodscha, Film- und Vintageposter, Postkarten, Kühlschrankmagneten u. ä. spezialisiert hat.

🛍 **16** [A6] **Artisans d'Angkor,** nahe Phsar Chas (Old Market), geöffnet tägl. 7.30 – 18.30 Uhr, www.artisansdangkor.com. Dieses Geschäft ist auf Produkte spezialisiert, die von Künstlern und Handwerkern aus der Umgebung Siem Reaps hergestellt werden. Wer an einer kostenlosen Tour zu den Werkstätten des Unternehmens im National Silk Museum 16 km westlich der Stadt teilnehmen will, kann um 9.30 und um 13.30 Uhr einen Shuttlebus (ebenfalls kostenfrei) vom Geschäft aus nehmen.

🛍 **17** [A6] **Bambou Company Indochine,** Alley West, weitere Filiale am Flughafen (s. S. 90), geöffnet tägl. 10 – 22 Uhr, www.bambouindochine.com. Modische T-Shirts und Polo-Shirts in guter Qualität mit hübschen asiatischen Motiven.

🎨 **18** [B7] **Diwo Gallery,** Wat Svay, Tonlé Sap Road, www.tdiwo.com, Tel. 092930799, geöffnet tägl. zu unterschiedlichen Zeiten, am besten vorher anrufen. Galerie des französischen Fotografen Thierry Diwo, der einige Bücher über Angkor publiziert hat. Angeboten werden Skulpturen, die Originalen aus der Angkor-Zeit nachempfunden sind und aus Stein, Holz, Bronze oder Silber in Kambodscha hergestellt werden, sowie Drucke der bemerkenswerten Schwarz-Weiß-Bilder des Fotografen. Es gibt eine **Filiale** in der Nähe des Old Market [B6].

🎨 **19** [B6] **Happy Cambodia,** Thnou Street (nahe Old Market), geöffnet tägl., flexible Öffnungszeiten. Der französische Künstler Stef hat seine ganz eigene Vorstellung von Kambodscha in seinen Bildern, auf T-Shirts, Postkarten und Drucken verwirklicht: knallig bunt und lustig. Eine Filiale hat im Flughafengebäude (s. S. 90) in Siem Reap geöffnet.

🛍 **20** [B3] **Khmer Ceramics,** Charles De Gaulle, Tel. 017843014, www.khmerceramics.com, geöffnet tägl. 8 – 19.30 Uhr. In diesem Geschäft und Atelier gibt es nicht nur hochwertige Keramik. Es ist auch möglich, an Workshops teilzunehmen. Interessierte werden gerne im Hotel abgeholt.

🛍 **21** [B6] **Kru Khmer,** an der Ostseite des Old Market, geöffnet tägl. 10 – 19 Uhr. Geschäft einer kleinen Nicht-Regierungs-Organisation, das eine gute Auswahl hochqualitativer Schönheitsprodukte, Tees, Seifen in der Form von Angkor Wat und diverse Produkte der kambodschanischen Naturheil-Medizin anbietet.

🎨 **22** [B5] **McDermott Gallery,** im FCC (Foreign Correspondents Club) in der Pokambor Avenue, www.mcdermottgallery.com, geöffnet tägl. 10 – 22 Uhr. Eine Filiale befindet sich in The Passage [B6], eine weitere im Raffles Grand Hotel d'Angkor (s. S. 127). Der Fotograf John McDermott (www.asiaphotos.net) stellt seine eindrucksvollen Schwarz-Weiß-Fotos von Angkor in seinen beiden Galerien aus und verkauft Poster, Karten, Drucke und Kalender mit diesen Motiven.

🛍 **23** [A6] **Mekong Quilts,** 5, Sivatha Road, https://mekongquilts.com, geöffnet tägl. 12 – 22 Uhr. Dieses Projekt unterstützt Frauen, die in entlegenen vietnamesischen und kambodschanischen Dörfern farbenfrohe Bettbezüge herstellen. Die Einnahmen aus den Verkäufen in diesem Geschäft und einer Filiale in Phnom Penh gehen allesamt an die Hersteller.

Einkaufen 97

🛍️**24** [bh] **Monument Books (1)**, bei Relay, Siem Reap International Airport, geöffnet tägl. bis zum letzten Flug, www.monument-books.com. Kambodschas einzige Buchhandelskette bietet neue Bücher an. Man findet diesen Ableger, der hier sein Sortiment im Relay-Shop anbietet, in dem Teil des Flughafens, den man nach der Passkontrolle betritt. Monument Books hat eine große Auswahl an Foto- und Textbüchern, Reiseführern, Postkarten und Landkarten zu Kambodscha und der Region. Eine weitere von mehreren Filialen:

🛍️**25** [B4] **Monument Books (2)**, im The Heritage Walk, einem neuen kommerziellen Zentrum nahe den Royal Independence Gardens ㉚, geöffnet tägl. 10–19 Uhr.

🛍️**26** [B6] **Paris Sete**, The Passage, geöffnet tägl. 9–23 Uhr. Das Geschäft steckt voller Kuriositäten wie neue Drucke von alten Postkarten und Postern, einer Sammlung teils echter Antiquitäten sowie der üblichen geschmacklosen Aschenbecher und Schlüsselanhänger – und ist einen Besuch wert.

🛍️**27** [A5] **Rajana**, 153 Sivatha Road, geöffnet tägl. 8–23 Uhr, sonntags 15–23 Uhr, www.rajanacrafts.org. Ein Geschäft der Hilfsorganisation Rajana, die mit 130 dörflichen Familien in ganz Kambodscha zusammenarbeitet, die interessante Produkte in Handarbeit herstellen – unter anderem Schmuckstücke aus alten Waffen, Keramik und traditionelle Instrumente aus Bambus.

🛍️**28** [B6] **Senteurs D'Angkor**, in der Nähe des Old Market, www.senteursdangkor.com, geöffnet tägl. 7–22 Uhr. Dieses Geschäft bietet Produkte, die größtenteils in Kambodscha geerntet oder hier in Handarbeit gefertigt wurden, darunter Tee, Kaffee, Seifen, Tiger Balm und ätherische Öle.

🛍️**29** [B6] **Siem Reap Book Center**, in der Nähe des Old Market, geöffnet tägl. 8–23 Uhr. Internationale Zeitungen und Zeitschriften, eine ordentliche Auswahl an Büchern über Kambodscha und Angkor sowie Bürobedarf machen das Siem Reap Book Center trotz etwas mürrischer Angestellter zu einem erstaunlich populären Anlaufpunkt.

◰ *Reisstand in Siem Reaps Old Market (s. S. 95)*

🛑 **30** [A6] **Smateria,** Alley West, geöffnet Mo.–Fr. 9–20 Uhr, Sa./So. 10–18 Uhr Interessante Produkte, unter anderem Taschen und Handtaschen, die aus wiederverwerteten Materialien hergestellt sind. Vom Konzept her ähnlich wie Angkor Recycled, aber eleganter, und daher auch teurer.

› **The Harbour,** im Untergeschoss der Harbour Pirate Tavern (s. S. 117), Tel. 0973042827, www.theharboursiemreap.com, geöffnet 10–24 Uhr, So. und Mo. geschlossen. Wer sich in Siem Reap tätowieren lassen möchte, sollte Lex Roulor's Tattoo Shop besuchen. Hier wird hygienisch gearbeitet und die drei Tätowierer aus Frankreich und Spanien sind recht gut. Nicht zu verfehlen, da vor dem Gebäude ein kleines Piratenschiff im Garten liegt.

> **KURZ & KNAPP**
>
> **Umweltbewusstes Trinken**
> Pro Jahr benutzen Touristen in Kambodscha ungefähr **130 Millionen Plastikflaschen.** Um diesem Umweltübel etwas entgegenzusteuern, wurde 2016 von ein paar Geschäftsleuten in Siem Reap die „**Refill Not Landfill**"-Aktion ins Leben gerufen. **Kleine Metallflaschen** (600 ml) werden nun in diversen Hotels, Restaurants und Firmen, die mit Touristen arbeiten, verkauft oder verschenkt, darunter auch der Phare Zirkus (s. S. 87). **Wasserstationen,** an denen Touristen ihre Flaschen auffüllen können, gibt es auch und das Projekt breitet sich weiter aus – nach Sihanoukville und sogar nach Laos und Burma. Das wird das Plastikflaschenproblem kaum lösen, aber die Aktion macht Besuchern die Dimensionen des Problems bewusst und die Flaschen sind ein **tolles Souvenir** (https://refillcambodia.com).

Supermärkte

🛑 **31** [B6] **Angkor Trade Center Shopping Mall,** Pokambor Avenue, geöffnet tägl. ab 9 Uhr. Moderner Supermarkt mit Filialen der Pizza Company und Swensen's Ice Cream.

🛑 **32** [B4] **Lucky Supermarket,** Lucky Mall, Sivatha Road, geöffnet tägl. ab 9 Uhr. Moderner Supermarkt im Stadtzentrum. Eine Bäckerei ist angeschlossen.

Essen und Trinken

Die kambodschanische Küche ist im Vergleich zur Küche des benachbarten Thailand nicht so scharf, kann aber ähnlich würzig sein. Viele Gerichte sind von der chinesischen Küche beeinflusst und werden in einem Wok mit Palmöl gebraten. Eine **typische Mahlzeit** besteht aus Reis, verschiedenen im Wok gebratenen Gemüsesorten und Fisch oder Fleisch, z. B. Schwein, Hühnchen oder Frosch mit Ingwer, Knoblauch und Lauchzwiebeln. Nudeln werden mit Rind, Schweinefleisch oder Krabben und mit einem Ei und Gemüse gebraten. Süß-saure Gerichte mit Ananas und Fisch oder Fleisch sind ebenfalls beliebt und auf Märkten und in Restaurants sind auch eine Reihe von Currys, häufig auf Rindfleischbasis, zu finden. Am Straßenrand gibt es allerlei Gebratenes **vom Hühnchen bis zu Heuschrecken.** Suppen werden vor allem zum Frühstück oder als kleine Mahlzeit zwischendurch geschätzt und entweder ganz frisch zubereitet *(Sumlar)* oder über längere Zeit gekocht *(Sop)*.

Gewürzt wird mit Tamarinde (vor allem in Suppen und Soßen), Ingwer, Kurkuma, Zitronengras, Limone und Galgant. Gewürznelken, Muskat und

Essen und Trinken

Typisch kambodschanische Gerichte

› **Loc Lac:** *In Würfel geschnittenes, angebratenes Rindfleisch wird mit Zwiebeln und Reis auf Salat und gelegentlich einem Spiegelei serviert.*
› **Bai Cha:** *In Sojasoße gebratener Reis mit Schweinefleisch oder Garnelen, Ei, Gemüse und Kräutern.*
› **Amok:** *Fisch in Bananenblätter gewickelt und in Kokosnussmilch gedämpft.*
› **Sumlar Kari:** *Hühnchen in Kokosnussmilch, mit Süßkartoffeln.*
› **Sop Chhnang:** *In einem Tontopf gekochte Suppe mit Fleischbällchen, die mit Rind, Eiern, Kräutern, Gemüsen, Nudeln, Pilzen und Tofu angereichert und während der Mahlzeit immer weitergekocht wird.*

Amok, ein beliebtes Gericht

Sternanis sind ebenfalls Bestandteile der kambodschanischen Küche. Bis vor ein paar Jahren wurde in Kambodscha noch **mit Marihuana gekocht**, das es in den frühen 1990er-Jahren noch kiloweise auf dem Markt zu kaufen gab, aber die Gerichte mit Hanf sind aufgrund des politischen Drucks aus dem Westen verschwunden. Gebratene Bananen und gekochte Eier, in denen **ein schon schlupfreifer Vogel**, normalerweise eine kleine Ente, mitgegart wurde *(Pong Dtier Gaun)*, sind beliebte Nachspeisen.

Die Auswahl an **Obst** ist gigantisch. Auf den Märkten Kambodschas sind unter anderem Avocado *(Avocaa,* nur Mai bis August), Banane *(Jeik),* Kokosnuss *(Dawng),* Ochsenherzapfel *(Dtiep Bpai,* nur Juni bis September), Drachenfrucht *(Srahganeak),* Durian *(Tooryan,* nur April bis Juni), Guave *(Dtraw Bai),* Jackbaumfrucht *(Knao),* Longan *(Mien,* nur August bis September), Lotussamen *(Chook),* Litschi *(Gulän),* Mango *(Suh-Ai),* Mangosten *(Mawkut,* nur August bis November), Papaya *(Lohong),* Ananas *(Manawa),*

Die Bausteine der Khmer-Küche: Reis und „Prahoc"

In Kambodscha dreht sich alles um den **Reis.** Einst wuchsen im Land mehr als 2000 verschiedene Sorten Reis. Fast jede Mahlzeit wird mit gekochtem Reis eingenommen, aber damit hat es noch längst kein Ende. Auch eine Frühstücksgrütze, „Borbor" genannt, Nudeln, diverse Desserts und alkoholische Getränke werden aus Reis hergestellt.

Fisch ist ein weiteres Grundnahrungsmittel. Diese hauptsächliche Proteinquelle der Khmer kommt aus dem Tonlé-Sap-See, aus den Flüssen des Landes und aus dem Golf von Thailand. Die Armen des Landes, und das sind 90 % der Bevölkerung, können sich Fisch allerdings nicht leisten und müssen sich mit **„Prahoc"** begnügen, einer fermentierten Fischpaste.

Für Besucher aus dem Ausland dürfte **das Hauptgericht des Landes,** Reis und „Prahoc", vermutlich eine Herausforderung sein, denn die Paste, die aus dem kleinen Fisch gleichen Namens hergestellt wird, ist gewöhnungsbedürftig. Es sei neugierigen Reisegourmets empfohlen, „Prahoc" zunächst in einem guten Restaurant zu versuchen.

038ar Abb.: at

Pampelmuse *(Kroitlaung),* Rambutanfrucht *(Sao Mao,* nur Mai bis September), Santol *(Kom Peech Riech,* nur Juni bis August), Sternfrucht *(Spö),* Tamarinde *(Ompöl Khoua)* und Wassermelone im Angebot. Vorsicht bei ungeschältem Obst, z. B. bei Äpfeln oder Sternfrucht, Hygiene wird auf den Märkten Kambodschas nicht besonders groß geschrieben.

In kleinen Restaurants wird oft **kalter oder heißer Tee zum Essen** serviert. Kaffee wird mit süßer Dosenmilch getrunken, entweder heiß oder mit Eis. Überall dort, wo es Geschäfte gibt, sind amerikanische **Softdrinks und Mineralwasser** in Flaschen erhältlich. In Restaurants, die hauptsächlich von Touristen besucht werden, steht meist eine große Auswahl an Säften und *Shakes* auf der Speisekarte. Wer einen empfindlichen Magen hat, sollte das Eis im Getränk vermeiden.

Die populärsten **Biersorten** heißen, wie man das ja fast schon erwarten kann, Angkor, Anchor und Cambodia.

Essen und Trinken

EXTRATIPP

Kampot-Pfeffer

Unter den Aufzeichnungen des Diplomaten Chou Ta-Kuan, der Angkor im 13. Jh. besuchte, befand sich ein Kapitel über den sagenhaften Pfeffer, der damals im Land wuchs. Im frühen 20. Jh. exportierten die Franzosen jährlich bis zu 8000 Tonnen von dem Gewürz nach Europa. Die Roten Khmer jedoch trieben die Pfefferbauern in die Reisfelder, woraufhin die Industrie in den 1970er-Jahren einging. Heute pflanzen ca. 200 Bauern den ehemals weltbekannten Pfeffer erneut in Kampot an, einer Kleinstadt im Südosten Kambodschas. In einigen Geschäften in Siem Reap, wie z. B. Angkor Cookies (s. S. 95), ist der sogenannte **Kampot Pepper** erhältlich.

› Infos unter www.farmlink-cambodia.com/en/kampotpepper.html

Aufgepasst: Die Khmer genießen ihr Bier gern mit Eis! In Siem Reap gibt es auch fast überall Tiger Beer, Heineken und das sehr gute Beer Lao. In traditionellen Restaurants versuchen knapp bekleidete sogenannte *Beergirls,* die Gäste zu animieren, die von ihnen angepriesene Biersorte und nicht die von der Konkurrenz zu bestellen. Die Khmer trinken zudem Schnaps, der aus Reis gewonnen wird und für fürchterliche Kopfschmerzen sorgen kann. Man sei gewarnt. In Siem Reap kann man in den Supermärkten auch internationale Spirituosen erstehen.

Die Khmer essen grundsätzlich mit einem **Löffel in der rechten Hand,** einer Gabel in der linken. Messer werden zum Essen nicht benutzt. Suppen nimmt man mit Essstäbchen und chinesischen Löffeln zu sich. Zum **Frühstück** gibt es typischerweise ein Stück gebratenes Hähnchen mit Reis und eine klare Brühe oder Nudelsuppe. **Mittag- und Abendessen** erfordern größeren Aufwand. Gegessen wird aus einem flachen Suppenteller voll gekochtem Reis, zu dem Gemüse und Fisch oder Fleisch aus gemeinschaftlichen Schüsseln und Tellern in kleinen Häppchen hinzugefügt werden. Touristen dürfte es überraschen, wenn Gäste in Restaurants Servietten, Essensreste (Knochen) und Zigaretten während der Mahlzeit grundsätzlich unter den Tisch werfen. Bevor sich die nächsten Gäste setzen, wird der Müll schnell aufgefegt.

Kleine Garküchen am Straßenrand erwarten kein **Trinkgeld.** In Restaurants sind die Angestellten allerdings unterbezahlt und ein paar Tausend Riel sind angemessen. Das **Rauchen** in Restaurants ist seit einiger Zeit nicht mehr gestattet.

Cafés

○33 [ch] **Angkor Café,** gegenüber Angkor Wat, Tel. 063380300, geöffnet tägl. 8–17.30 Uhr. Direkt gegenüber Angkor Wat betreibt Blue Pumpkin ein kleines Café und Restaurant, das neben Kaffee und Gebäck auch einfache einheimische und westliche Gerichte anbietet. Außerdem dient das Angkor Café als Ausstellungsort für Textilien, Steinskulpturen und Lackgegenstände der Firma Artisans d'Angkor (s. S. 96).

○34 [B5] **Common Grounds,** hinter dem Center Market, Tel. 063965687, http://commongroundscafes.org, geöffnet tägl. 7–22 Uhr, WLAN-Hotspot. Dieser von einer NGO („Nichtregierungsorganisation") gegründete Coffeeshop bietet ein großes Sortiment an Kaffeegeträn-

◁ *„Prahoc", fermentierte Fischpaste, ein Grundnahrungsmittel der Khmer*

ken, frischen Obstsäften und Backwaren sowie leichten westlichen Speisen – Salate, Suppen, Sandwiches und Pasta. Das Common Grounds soll eine der schnellsten Internetverbindungen in Siem Reap haben. Die Gewinne gehen an Projekte der PCL (People for Care and Learning).

35 [B5] **Pages Café**, Street 24, Tel. 063966812, geöffnet tägl. 6–22 Uhr. Elegantes Café in einem sehr nett restaurierten Gebäude aus den 1960er-Jahren, das kambodschanisches Retro-Flair und sehr guten Kaffee sowie Frühstück, Mittag- und Abendessen – khmer und europäisch – bietet. Eine gute Adresse, um eine kambodschanische Frühstückssuppe zu probieren. Die Gerichte werden sehr nett präsentiert und mit lokalen Zutaten zubereitet.

36 [B6] **The Blue Pumpkin**, 2, Thnou Street, Old Market, Tel. 063963574, www.tbpumpkin.com, geöffnet tägl. 6–23 Uhr, WLAN-Hotspot. Dieses ultramoderne und schicke Café am Old Market zieht aufgrund seines poppigen Dekors vor allem jüngere Besucher an und bietet neben einer großen Auswahl an Backwaren und exzellentem Eis auch einfache Gerichte wie Pasta, Burger und Sandwiches. Gäste können auf dem Bürgersteig sitzen und den Trubel des Old Market beobachten oder im 1. Stock in einer kühlen klimatisierten Lounge mit Bar den Abend vor dem eigenen Laptop verbringen. Sehr populär. Das Blue Pumpkin hat einige kleine Zweigstellen, unter anderem vor dem Lucky Market Shopping Center auf der Sivatha Road und im Angkor Trade Center nahe dem Old Market sowie auf dem Flugplatz im Terminal für Inlandflüge.

37 [B6] **The New Leaf Eatery,** östlich des Old Market, Tel. 063766016, http://newleafeatery.com, tägl. 7.30–21.30 Uhr, WLAN-Hotspot. Dieses kleine und gemütliche Restaurant und Café serviert sehr guten Kaffee und Frühstück und mittags und abends Khmer- und französische Gerichte sowie vegetarische Speisen. Die Weinkarte ist auch nicht schlecht. Dazu gibt es eine ordentliche Auswahl an Secondhand- und neuen Büchern über Kambodscha.

Restaurants

Kambodschanische Küche

38 [B6] **Amok Restaurant** $, The Passage, Tel. 063966441, https://amokrestaurant.com, geöffnet tägl. 10–23 Uhr. Ein gemütliches Restaurant, das sehr gute und insbesondere auch optisch eindrucksvolle einheimische Gerichte serviert, darunter auch das exzellente Fisch-Amok. Die Portionen sind klein, die Preise zum Glück ebenfalls.

39 [A5] **Bugs Café** $$, Angkor Night Market Street, www.bugs-cafe.com, Tel. 017764-560, Mi.–Mo. 17–24 Uhr. Alle Insekten, die hier serviert werden, stammen aus Kambodscha. Wer einmal Frühlingsrolle mit Ameisen oder Skorpionsalat geniessen will, liegt hier richtig und hat zudem noch eine großartige Geschichte nach der Rückkehr in die Heimat zu erzählen.

40 [B6] **Chamkar Restaurant** $, The Passage, Tel. 092733150, geöffnet Mo–Sa 11–23 Uhr, sonntags 17–23 Uhr. Dieses angenehme kleine vegetarische Restaurant im Herzen der Stadt serviert fleischlose Versionen von populären kambodschanischen Gerichten, darunter Frühlingsrollen und Süßkartoffel-Curry. Hier wird weder mit Fischsoße noch mit Geschmacksverstärkern gekocht.

41 [B5] **Home Cocktail** $, Street 7, Tel. 012460097, geöffnet tägl. 8–24 Uhr, WLAN. Sehr beliebt, sowohl bei Touristen als auch bei Einheimischen, serviert dieses preiswerte Restaurant eine ordentliche Auswahl an khmer und europäischen Gerichten. Das Khmer-Curry-Set für US$ 4

Essen und Trinken

ist einen Versuch wert. Auch Bier und Cocktails sind erstaunlich preiswert.

42 [B6] **Khmer Family Restaurant** $, The Passage, Tel. 015999909, geöffnet tägl. 7 bis spät in die Nacht. Ein weitläufiges und freundliches Restaurant, das sich über den Block zwischen Pub Street und The Passage erstreckt und von beiden Straßen aus betreten werden kann. Preiswerte kambodschanische Gerichte, darunter selbstverständlich *Amok* und *Loc Lac* können von einer riesigen Fotospeisekarte ausgewählt werden. Außerdem gibt es Pizzas, Cocktails und preiswertes Bier.

43 [B6] **Khmer Kitchen Restaurant** $, The Passage und Old Market, www.khmerkitchens.com, geöffnet tägl. 11–23 Uhr. Mit gleich drei Filialen um den Old Market herum wartet das Khmer Kitchen auf und bietet solide kambodschanische Küche. Der Service ist freundlich, westliche Gerichte gibt es auch und ortsansässige Fotografen stellen hier ihre Bilder aus.

44 [B5] **Malis** $$, Pokambor Ave, Tel. 015824888, geöffnet tägl. 6–22 Uhr. Wer einmal wirklich gute kambodschanische Küche in einem sehr netten, leicht bombastisch erscheinenden Restaurant probieren möchte, sollte ein schickes Hemd anziehen und das Malis ausprobieren. Die üblichen Standardgerichte werden hier in bester Form präsentiert und es schmeckt wirklich gut.

45 [B6] **Steakhouse** $$$, The Passage, Tel. 063965501, WLAN, geöffnet tägl. ab 7.30 Uhr. Dieses kleine, aber feine Restaurant, eines der besten in Siem Reap, bietet Fusion Food in kühlem postmodernem Ambiente und Steaks aus aller Welt. Interessantes minimalistisches Dekor und Essen, d. h. weißes Mobiliar, eine Showküche und kleine Portionen kambodschanischer Gerichte mit internationalem Einfluss. Wer sich einmal an Mango und Schlangensalat und ähnlich kulinarischer Exotik versuchen will, liegt hier genau richtig. Die Weinkarte ist umfangreich.

46 [A6] **Terrasse des Eléphants** $$, Sivatha Road, www.terrasse-des-elephants.com, Tel. 063965570, tägl. 10–23 Uhr. Ein im großen Stil angelegtes Restaurant, das sich in einem eindrucksvollen, im Kolonialstil errichteten Gebäude mitten in der Stadt befindet. Es bietet neben der tollen Aussicht von Balkons im 1. und 2. Stock eine solide Auswahl kambodschanischer Gerichte sowie einige westliche Speisen. Dazu gibt es eine große Weinkarte und Cocktails. Die Dachterrasse verfügt über einen Pool.

47 [B5] **Viroth's** $$, Wat Bo Road, Tel. 012778096, www.viroth-restaurant.com, geöffnet tägl. 11–14 Uhr und 19–23 Uhr. Sehr elegant ist dieses dem gleichnamigen Hotel angeschlossene Restaurant, das gehobene kambodschanische Küche unter freiem Himmel und in einem Holzpavillon serviert. Wer abseits des Trubels sehr ruhig essen möchte, ist hier gut aufgehoben. Zu den im modernen Stil servierten einheimischen Spezialitäten wird auch eine angemessene Weinliste geboten. Sehr gut geeignet für einen ruhigen Abend zu zweit.

Asiatische Küche

48 [B5] **Dakshin's Restaurant** $$, Ecke Thnou Street und The Lane nahe dem Old Market, Tel. 063964311, geöffnet tägl. 12–22 Uhr. Gute Mischung von Gerichten aus Süd- und Nordindien. Dank dem echten Tandoor-Ofen ist das Chicken Tikka sehr gut.

Restaurantkategorien

$ günstig (Hauptgericht bis 10 US$)
$$ moderat (Hauptgericht 10–20 US$)
$$$ teuer (Hauptgericht ab 20 US$)

Essen und Trinken

039ar Abb.: at

EXTRATIPP: Lecker vegetarisch

Die kambodschanische Küche ist traditionell nicht auf Vegetarier abgestimmt. Zu einer richtigen Mahlzeit in Kambodscha gehören Fisch, Fleisch oder zumindest *Prahoc* (s. S. 100). Viele der touristischen Restaurants bieten allerdings vegetarische Speisen. Am einfachsten ist es, in Siem Reap eines der zahlreichen indischen Restaurants anzusteuern, die allesamt eine große Auswahl an *Dals* (Linsengerichte) und Gemüsecurrys servieren.

› **Chamkar Restaurant** (s. S. 102)
› **Happy Herb Pizza** (s. S. 105)
› **Little India** (s. u.)
› **Himalayan Kitchen** (s. u.)

Ein mobiler Kokosnussverkäufer mit einem vegetarischen Snack für zwischendurch

49 [A5] **Himalayan Kitchen** $, Thapul Road, Tel. 069466902, tägl. 11–23 Uhr. Das einfache und saubere Restaurant serviert eine gute Auswahl an Gerichten aus Indien und Nepal, darunter gute Thalis und eine ganze Reihe vegetarischer Gerichte. Das Chana Masala ist besonders zu empfehlen.

50 [bi] **Jardin des Delices** $$, Paul Dubrule School, Airport Road, Tel. 063963673, mobil: 092356641, www.ecolepauldubrule.org, geöffnet Dienstag bis Freitag 12–14 Uhr. Ein Gartenrestaurant der ganz besonderen Art. Das Jardin des Delices ist Teil der Paul-Dubrule-Hotelfachschule und liegt etwas abseits des Stadtkerns an der Straße zum Flugplatz. Studenten der Hotelfachschule betreiben das Restaurant und servieren mittags hochklassige asiatische Mahlzeiten in drei Gängen für nur US$ 15 pro Person. Am besten vorher anrufen und einen Tisch reservieren.

51 [B6] **Little India** $, 2, Thnou Street, gegenüber dem Blue Pumpkin, Tel. 012652398, WLAN, geöffnet täglich

10–22 Uhr. Das älteste indische Restaurant in Siem Reap bietet preiswerte und ordentliche *Thalis,* eine Zusammenstellung indischer Gerichte, mit oder ohne Fleisch bzw. Fisch. Auf der Speisekarte stehen Gerichte aus Nord- und Südindien und der Service ist freundlich.

🍴**52** [B5] **Paris Saigon** $$, Tep Vong Street, nahe Wat Bo östlich des Flusses, Tel. 063965408, geöffnet täglich 11–22 Uhr. Dieses einfache, aber solide kleine Restaurant mit Klimaanlage bietet hervorragende vietnamesische Speisen und diverse französische Gerichte. Zu den Favoriten zählen *Nem Nuang,* Frühlingsrollen, die man selbst kreiert, und *Phoe,* vietnamesische Nudelsuppe. Die Weinkarte ist auch nicht schlecht.

🍴**53** [B5] **The Hashi** $$$, Wat Bo Road, Tel. 063969007, geöffnet tägl. 11–15 und 18–23 Uhr, WLAN. Vielleicht das beste japanische Restaurant der Stadt. Neben der Sushi-Bar lohnt es auch, Sashimi und Steaks zu versuchen. Dazu gibt es natürlich eine gute Sake-Auswahl. Das Kobe-Rindersteak ist freilich etwas teuer.

Internationale Küche

🍴**54** [A4] **Abacus Restaurant** $$, Airport Road, Tel. 012644286, geöffnet tägl. 11–22 Uhr. Das renomierte Abacus ist zu einem hochmodernen Edelrestaurant umgebaut worden, das sehr gute französische und internationale Küche bietet. Gäste können zwischen dem gekühlten und hellen Innenraum und einer Gartenterrasse wählen. Auf der Speisekarte stehen vor allem Fleisch- und Fischgerichte.

🍴**55** [B6] **Alliance Alizé Art Café** $$, nahe Wat Damnak, www.alliancealize.com, Tel. 063964940, WLAN, geöffnet tägl. 9–22 Uhr. In einem spätkolonialen Gebäude untergebracht, werden in diesem feinen französischen Restaurant neben gehobener französischer und kambodschanischer Küche auch regelmäßig wechselnde Kunstausstellungen einheimischer Künstler geboten. Der französische Koch hat eine abwechslungsreiche Speisekarte internationaler Gerichte mit asiatischem Einfluss kreiert, darunter auch eine Auswahl vegetarischer Speisen. Schüler der Krousar Thmey NGO bieten abends Schattentheater – die Einnahmen werden in die Ausbildung weiterer Adepten investiert.

🍴**56** [A5] **Happy Herb Pizza** $, 2, Thnou Street, Tel. 012838134, geöffnet tägl. 7–24 Uhr. Dieses preiswerte Lokal ist sehr beliebt bei Rucksacktouristen und bietet – genau wie das ursprüngliche Restaurant in Phnom Penh – preisgünstige Pizzas und eine große Auswahl einfacher Khmer-Gerichte sowie vegetarische Speisen.

🍴**57** [B6] **Il Forno** $$, Pub Street Alley, Tel. 07827817, 12–22 Uhr. Italienische Hausmannskost, vielleicht die beste der Stadt, in einer kleinen Gasse nahe der Pub Street. Unter Einheimischen vor allem zum Lunch beliebt. Nicht ganz billig, aber die Gnocchi sind umwerfend.

> **EXTRATIPP**
>
> ### Essen für Mutige – Siem Reaps exotischste Speisen
>
> 🍴**58** [B6] **Cambodian BBQ** $$, The Passage, https://restaurant-siemreap.com/restaurants/cambodian-bbq, geöffnet tägl. 10–23 Uhr. Das kleines Restaurant im Herzen von Siem Reap bietet neben traditionellen kambodschanischen Grillgerichten auch diverse ganz andere Genüsse – mutige Gäste können sich an **Krokodilsteaks, gegrillter Schlange** und sogar **Känguru**fleisch (nicht gerade einheimisch ...) versuchen. Garantiert kein Glutamat!

Essen und Trinken

EXTRATIPPS

Für den späten Hunger
Die meisten Restaurants in Siem Reap schließen gegen 23 Uhr oder Mitternacht. Eine Reihe von Lokalen hat allerdings bis ungefähr zwei Uhr geöffnet, darunter das **Khmer Family Restaurant** (s. S. 103) und **Viva** (s. S. 107). Danach verbleiben noch ein paar Garküchen an der Sivatha Road, die bis in die frühen Morgenstunden von allerlei schlaflosen Menschen aufgesucht werden.

Lokale mit guter Aussicht
Die kleinen Garküchen um die Haupttempel im Angkor Archaeological Park, vor allem am Bayon, bieten einen guten Blick auf die Tempelruinen. In Siem Reap verfügen zahlreiche Restaurants an der Pub Street über Balkone, von denen das Geschehen auf der Straße beobachtet werden kann.

› **Terrasse des Eléphants** (s. S. 103). Ein Restaurant gehobener Klasse in einer Kolonialbauimitation an der Sivatha Road, mit gutem Blick über die Stadt vom 2. Stock aus.

› **Angkor Café** (s. S. 101). Kaffee und Gebäck sowie einfache einheimische und westliche Gerichte gibt es gegenüber von Angkor Wat.

Dinner for one
Kambodschaner sind immer erstaunt, wenn sie Besucher kennenlernen, die allein unterwegs sind. In Asien reist niemand zum Vergnügen allein. Mit dem Essen verhält es sich genauso: Die Kambodschaner essen grundsätzlich, soweit möglich, gemeinsam. Wer Siem Reap besucht, wird eine ganze Reihe Lokale finden, in denen man gut für sich sein kann oder, wenn man will, auch leicht Kontakt zu anderen Reisenden findet.

› **The Blue Pumpkin** (s. S. 102). Hier kann man entweder in aller Ruhe allein mit dem Laptop in der Lounge im ersten Stock oder im Erdgeschoss und an Tischen draußen auf dem Bürgersteig mit anderen meist jungen Reisenden das Geschehen auf der Straße erörtern.

› **Garküchen an der Sivatha Road** [A6]. Von 19 Uhr bis spät in die Nacht werden an der Sivatha Road etliche Essensstände und kleine, improvisierte Straßenrestaurants aufgebaut, wo man nicht nur günstig essen, sondern auch den einen oder anderen Einheimischen kennenlernen kann.

› **Home Cocktail** (s. S. 102). Beliebter Treffpunkt für Touristen und Einheimische, die preiswert essen und trinken wollen.

---

59 [C6] **Kanell Restaurant** $^{\$\$}$, 7 Makara Street, nördlich von Wat Damnak, Tel. 063966244, geöffnet tägl. 10–22 Uhr. Besonders für ruhige, romantische Abende geeignet, bietet dieses etwas vom Trubel entfernte Restaurant exzellente kambodschanische und französische Küche, die in einem traditionellen Holzhaus in einem tropischen Garten serviert wird. Das Restaurant hat auch einen Swimmingpool für alle, die sich vor oder nach dem Essen abkühlen wollen (US$ 5). Das Barschfilet in Olivenöl ist besonders empfehlenswert.

60 [B6] **Olive** $^{\$\$}$, Cuisine de Saison, Street 9, Tel. 063769899, geöffnet tägl. 11–22 Uhr. Ganz in der Nähe des Old Markets serviert dieses kleine, feine Restaurant u. a. gute französische Küche. Auch die Rindfleisch-Lasagne und die hausgemachten Ravioli sind zu empfehlen.

61 [A5] **Tell Steak House** $^{\$\$}$, Sivatha Road, Tel. 063963289, WLAN, geöffnet tägl. 11–22 Uhr. Das einzige deutsche Restaurant Siem Reaps serviert durchaus authentisch schmeckende deutsche und Schweizer Gerichte, selbstverständlich auch Eisbein und Schnitzel und dazu natürlich gute Steaks. Außerdem finden sich auf der Speisekarte etliche einheimische Speisen. Die Gäste können entweder im rustikalen „deutschen Ambiente" im klimatisierten Restaurant oder draußen vor dem Lokal an Tischen auf dem Bürgersteig essen.

📷 62 [B6] **Viva** $^{\$\$}$, Street 9, Tel. 063963151, www.ivivasiemreap.com, geöffnet täglich von 10 Uhr bis spät in die Nacht. In Siem Reaps einzigem mexikanischen Restaurant bekommt man relativ preiswerte Burritos, Enchiladas, Chimichangas, Fajitas und Tacos. Das durchweg gute Essen kann man anschließend mit ein paar Margaritas hinunterspülen und schon fühlt man sich aus Asien in ein mexikanisches Gasthaus aus der Revolutionszeit versetzt. Beinahe jedenfalls. Ordentliche Zimmer ab US$ 20 gibt es auch.

☐ *In Angkor Wat* ❶ *bieten Landschaft und Ruinen tolle Fotomotive*

Elektrizität

Die Netzspannung beträgt 220 Volt. Gelegentlich kommt es in Siem Reap zu Stromausfällen. Außerhalb der Stadt ist die Stromversorgung noch immer recht unzuverlässig. Die mitteleuropäischen Stecker passen in kambodschanische Steckdosen.

Film und Foto

Kambodscha und besonders Angkor sind ein Traum für Fotografen. Freundliche, offene Menschen und Ruinen, deren Erscheinungsbild sich je nach Jahreszeit, Tageslicht und Uhrzeit ändert, fordern regelrecht dazu heraus, permanent auf den Auslöser zu drücken.

Die meisten Kambodschaner lassen sich nicht ungern fotografieren und werden allenfalls ein wenig verlegen, allerdings sollte man bei **Nahaufnahmen** vor allem von Mönchen um Erlaubnis fragen. Polizisten und Soldaten im Dienst sollte man nicht fotografieren. Wichtig ist in Kambodscha vor allem das Licht. Wie in allen

Ländern, die am Äquator liegen, ist es am besten, frühmorgens von Sonnenaufgang bis ungefähr 9 Uhr und von 16 Uhr bis Sonnenuntergang Fotos zu schießen. Zu diesen Zeiten leuchten Land und Leute geradezu – sofern die Sonne scheint.

Landschaftlich sieht es hier während und kurz **nach der Regensaison, von Juni bis Dezember** also, am besten aus. Die lange Regenperiode filtert den sonst allgegenwärtigen Staub aus der Luft und die Pflanzen sprießen, was auch die Angkor-Ruinen frischer erscheinen lässt. In der Tat ist der feine rote Lateritstaub, der während der Trockenzeit in Kambodscha herumwirbelt, der Feind Nummer eins für Fotoapparate. In der Trockenzeit empfiehlt es sich, die Kamera bei Nichtgebrauch in einer Plastiktüte zu verstauen.

Es lohnt nicht, in Kambodscha eine Kamera zu kaufen – es finden sich bessere Angebote in Thailand, Malaysia oder Singapur. **Memory Cards** bekommt man problemlos in Siem Reap und man kann hier auch Bilder entwickeln lassen.

Schließlich sollte man, da Kambodscha sehr arm ist, auf seine Kamera immer aufpassen, ob im Tuk-Tuk, auf der Straße oder in einem Restaurant. In Siem Reap wird allerdings im Vergleich zu Phnom Penh wenig gestohlen.

Geldfragen

Währung

Die offizielle Währung Kambodschas ist der **Riel** (1 Euro liegt derzeit bei etwa 5000 Riel) und auf dem Land und in Kleinstädten ist dies auch die meist genutzte Währung. Geldscheine gibt es zu 50, 100, 500, 1000, 2000, 5000, 10.000, 20.000, 50.000 und 100.000 Riel. Münzen gibt es offiziell zu 50, 100, 200 und 500 Riel, aber diese sieht man in der Regel nicht im Umlauf.

In Phnom Penh, Siem Reap und überall dort, wo Touristen sind, wird allerdings meist mit **US-Dollars** gezahlt. Auch die Geldautomaten am Flugplatz und in Siem Reap geben nur Dollars aus. Auf Speisekarten und in Hotels werden die Preise grundsätzlich in US-Dollars angegeben. Wer sich nur ein paar Tage in Kambodscha aufhält, um die Tempel zu besuchen, wird also wahrscheinlich meist in dieser Währung bezahlen.

Außerhalb von Siem Reap, in den Dörfern der Provinz beispielsweise, ist es natürlich besser, Riel auszugeben. Thailändische Baht werden in den Grenzregionen zu Thailand, also generell auch in Siem Reap, akzeptiert.

Aktuelle Wechselkursinformationen findet man im Internet u. a. unter www.xe.com/de.

Reisekasse

An fast jeder Straßenecke und sogar in einigen Hotels finden sich in Siem Reap **Geldautomaten**. Banken wie ANZ, Canadia Bank und UCB bieten Geldumtausch, Auszahlungen auf **Kreditkarten** und Reiseschecks sowie **internationale Geldüberweisungen**.

Das Bezahlen und Geldabheben mit **VPAY-Karten** ist in Kambodscha nicht möglich, ANZ und Canadia Bank akzeptieren **Maestro-/ bzw. Girocards.** Die Banken sind montags bis freitags von 8 bis 15 oder 16 Uhr geöffnet. Einige Banken haben samstags bis 11.30 Uhr offen. Die am weitesten verbreitete Kreditkarte ist Visa. Immer mehr Banken akzeptieren auch MasterCard und JCB. American Express (nur bei Mekong Bank) und Diners Club sind dagegen weniger bekannt, daher werden diese Karten auch oft abgelehnt.

Freischaffende **Geldwechsler** finden sich in Siem Reap entlang der Sivatha Road. Wer Euros in Dollars umtauscht, sollte dies auf der Bank tun. Zum Umtausch von Dollars oder Euros in Riel kann man auch einen inoffiziellen Geldwechsler auf einem der Märkte besuchen. Der Kurs ist ein paar Cents günstiger als auf der Bank. Ein Risiko bezüglich der Legalität dieser Stände besteht für den Kunden nicht. Beim Eintauschen von Dollars sollte man jedoch immer darauf achten, dass die Geldscheine, die man bekommt, keine Risse haben. **Eingerissene Dollarscheine sind in Kambodscha nichts wert!**

Umtauschkurse

1 Rl	=	0,00021 € bzw. 0,00023 SFr
1 €	=	4645 Rl
1 SFr	=	4100 Rl
1 US$	=	4068 Rl
1 THB	=	0,026 € bzw. 0,029 SFr
1 €	=	38 THB
1 SFr	=	34 THB
1 US$	=	33 THB

(Stand: September 2018)

Preise und Kosten

Ein Großteil der kambodschanischen Bevölkerung lebt von einem Dollar oder weniger am Tag. Die eigentlichen Lebenskosten sind sehr niedrig, Kambodscha ist daher **für Europäer ein sehr preisgünstiges Land.** Rucksacktouristen finden in Siem Reap Zimmer für US$ 5 und können in den Garküchen des Old Market für ein paar Dollars gut essen. Die Straßenstände entlang der Sivatha Road sind noch preiswerter. Fahrradfahren ist die günstigste Fortbewegungsmöglichkeit und wer radelt, kann die Tempel fast für den Preis des Eintrittsgeldes genießen. Reisende mit etwas höherem Budget finden ein großes Angebot an sauberen *Guesthouses* und kleinen Hotels mit voll klimatisierten Zimmern ab US$ 15 und für US$ 25 bis US$ 50 lebt man sehr komfortabel. Darüber hinaus gibt es natürlich auch teurere Hotels und diverse 5-Sterne-Unterkünfte, die entweder Kolonialambiente oder kühle Postmoderne bieten, selbstverständlich zu einem entsprechenden Preis. Die Auswahl an Restaurants ist ebenfalls umfangreich. Außer in den schon erwähnten Garküchen kann man für US$ 10 in preiswerten indischen, vietnamesischen und koreanischen Restaurants gut essen. Auch ein paar gehobenere Lokale – meist gute Khmer oder französische Küche – hat Siem Reap zu bieten, diese sind meist in den teureren Hotels zu finden. Transportkosten für Motorradtaxis, Taxis oder Tuk-Tuks sollten grundsätzlich

◁ *Kambodschanisches Geld – Riel-Scheine*

Geldfragen

> **Geldrücktausch**
> Deutsche Banken tauschen Riel nicht in Euro zurück. Am besten sollte man am Ende des Aufenthalts alle Riel ausgeben, in US-Dollar tauschen – oder sie als Souvenirs mit nach Hause nehmen.

vor Antritt einer Fahrt ausgehandelt werden und nach Ende des Arbeitstages oder der Route bezahlt werden.

Wer Siem Reap und die Angkor-Ruinen **so preiswert wie möglich** erleben will, kann mit US$ 80 täglich (inklusive Tempelticket) auskommen. Wer auf Urlaubskomfort, ein gutes Abendessen und ein Glas Wein oder Bier Wert legt, ist immer noch mit weniger als US$ 120 Dollar dabei. Reist man zu zweit, so verringern sich die Kosten ein wenig. Die Preise für Dienstleistungen sind in Siem Reap in den letzten Jahren nur geringfügig gestiegen.

Da die Infrastruktur allerdings enorm gewachsen ist, gibt es natürlich auch entsprechend **mehr Möglichkeiten, Geld auszugeben** – von den verschiedensten Shops bis zu Bars und Klubs, die die ganze Nacht geöffnet haben. In Europa oder den USA hergestellte Produkte sind selbstverständlich teurer als einheimische.

Ortstypische Tropenkrankheiten

› *Malaria:* Malaria ist in Südostasien weitverbreitet und wird nachts von Moskitos übertragen. Gefährlich sind vor allem die kambodschanischen Grenzgebiete zu Thailand kurz nach der Regenzeit. In Siem Reap besteht keine Gefahr und wer nur den Angkor-Park besucht, bräuchte keine Malariaprophylaxe. Zu den Symptomen zählen hohes Fieber, Schweiß- und Kälteausbrüche, schmerzende Gelenke und Durchfall. Wer glaubt, Malaria zu haben, sollte so schnell wie möglich einen Arzt aufsuchen: Malaria kann sehr gefährlich werden und sogar tödlich enden. Malariamedikamente zur Prophylaxe und Notfall-Selbsttherapie können in Siem Reap gekauft werden (s. S. 115).

› *Denguefieber:* Denguefieber wird von Moskitos übertragen, die Gefahr besteht meist tagsüber und vor allem in Städten. Das Risiko für Kurzreisende nach Siem Reap ist sehr gering. Nach der Regenzeit kommt es gelegentlich zu Epidemien. Hohes Fieber, Kopfschmerzen, Muskel- und Gelenkschmerzen sowie Erbrechen sind die üblichen Symptome. Mit einem Bluttest im Krankenhaus kann man die Krankheit diagnostizieren. Eine Therapie gibt es allerdings nicht. Wer Denguefieber hat, sollte Aspirin und andere Mittel auf der Basis von Acetylsalicylsäure vermeiden. Es kann einige Wochen dauern, bis man die Krankheit überwunden hat.

› *Magen- und Darmerkrankungen:* Viele Reisende bekommen in Asien Durchfall. Normalerweise ist das kein Zeichen einer schweren Erkrankung, eher liegt es am fremden Essen, am Trinkwasser und heißen Klima. Reisende sollten darauf achten, immer genug Wasser zu trinken. Wer bei der ungewohnten Hit-

Gesundheitsvorsorge

Noch vor ein paar Jahren gab es kein einziges Krankenhaus mit europäischem Standard im tropischen Entwicklungsland Kambodscha. Das hat sich inzwischen zumindest in Siem Reap geändert. Besucher brauchen keine Impfpässe mitzubringen, es sei denn, sie reisen aus einem afrikanischen Land ein, in dem das Gelbfieber verbreitet ist. An den Landesgrenzen wird zwar manchmal nach einem Impfpass gefragt – allerdings nur, um den Besuchern Geld zu entlocken. Kurzbesucher Kambodschas sollten gegen **Diphtherie, Polio, Typhus, Hepatitis A** und natürlich auch gegen **Tetanus** geimpft sein. In den Filialen der U-Care Pharmacy in Siem Reap gibt es, was man für die Reiseapotheke braucht (s. S. 115).

Hygiene

Siem Reap ist eine recht saubere Stadt in einem sehr armen Entwicklungsland. Unterkünfte sind generell sauber, aber wer nur US$ 5 für sein Zimmer zahlt, sollte nicht zu viel erwarten. Das **Leitungswasser** ist in der Regel **kein Trinkwasser.** (Der Autor putzt sich jedoch seit vielen Jahren damit die Zähne und hat bisher keinen Schaden davongetragen.)

ze den ganzen Tag in den Angkor-Tempeln herumklettert, trocknet sehr schnell aus. Rehydrationssalz gibt es in Apotheken zu kaufen. Wer krank wird, sollte ungewürzte Speisen zu sich nehmen und, wenn es geht, Durchfallmittel wie Imodium meiden – diese heilen den Darm nicht, sondern verschließen ihn lediglich. Wer länger als 48 Stunden Durchfall hat, eventuell auch blutigen Stuhlgang, sollte schleunigst einen Arzt aufsuchen (s. S. 115). Länger andauernde Durchfälle können auch ein Symptom von Tropenruhr oder einer Infektion durch Giardiasis sein. Wer glaubt, eine dieser beiden Krankheiten zu haben, sollte einen Arzt aufsuchen.

› *Geschlechtskrankheiten/HIV/ Aids: Wer sexuell aktiv ist, sollte, wie überall auf der Welt, immer ein Kondom benutzen und dem käuflichen Sex fernbleiben. Unter den Frauen, die in der kambodschanischen Sexindustrie arbeiten, gibt es eine sehr hohe und schnell anwachsende Rate an HIV-Infektionen. Diverse andere Geschlechtskrankheiten von Syphilis bis an Gonorrhö (Tripper) sind ebenfalls weit verbreitet. Kondome gibt es in Siem Reap in zahlreichen Geschäften, Apotheken und an Tankstellen zu kaufen.*

› *Pilzkrankheiten: Im feuchtheißen tropischen Klima Kambodschas bekommen viele Besucher Pilzkrankheiten – entweder von Tieren oder anderen Menschen übertragen. Das kann sehr stark jucken, vor allem zwischen den Zehen, unter den Armen und zwischen den Beinen, überall dort, wo sich Schweiß und Hitze anstauen. Derartige Erkrankungen sind am besten zu vermeiden, in dem man leichte Baumwollkleidung trägt und sich nach dem Duschen sorgfältig abtrocknet.*

› *Aktuelle Infos findet man auf der Website des CRM Centrum für Reisemedizin in der Rubrik Reiseländer: http://www.crm.de*

Toiletten sind in Südostasien grundsätzlich nicht mit einer Wasserspülung ausgestattet, aber in Siem Reap haben auch die billigeren *Guesthouses* generell westliche Toiletten mit Spülung, in die man allerdings kein Papier werfen sollte, da sie sonst verstopfen. Normalerweise steht ein Eimer für diesen Zweck bereit. Toilettenpapier, Tampons und andere **Toilettenartikel** gibt es in diversen Supermärkten und Apotheken zu kaufen. An den Haupttempeln im Angkor Archaeological Park gibt es öffentliche Toiletten, die sauber und kostenlos sind.

Aufgrund der generell mangelnden Hygiene im Land sollte man sich unbedingt vor jeder Mahlzeit die Hände waschen. **Kontakt mit Tieren,** vor allem mit Straßenhunden und verwilderten Katzen, vermeidet man besser. Während der trockenen Sommermonate färbt der Lateritstaub, der stetig um die Tempel weht, helle Kleidung rötlich. Der Staub ist so fein, dass er sich nur schlecht aus weißer Kleidung herauswaschen lässt.

Im täglichen Leben und zwischenmenschlichen Bereich sind Hygiene und saubere Kleidung enorm wichtig. Wer in Kambodscha als Besucher ungewaschen, ungekämmt und in abgetragener Kleidung auftritt, wird die Einheimischen verwundern und sie möglicherweise in Verlegenheit bringen. Warum kann sich der reiche Ausländer keinen Kamm und kein neues Hemd leisten? Wer einen aktiven Tempel oder ein Privathaus betritt, sollte unbedingt die Schuhe **ausziehen.**

▷ *Mobile Buchhandlungen in Siem Reap*

Informationsquellen

Infostellen zu Hause

Kambodscha hat keinerlei internationale Fremdenverkehrsämter und die kambodschanischen Botschaften und Konsulate verfügen über keine nützlichen Informationen für Besucher. Es gibt auch keine kambodschanischen Kulturzentren in Deutschland, der Schweiz oder Österreich.

Informationen zum Land und praktische Reisetipps sind auf der Website **Kambodscha Reise** (www.kambodscha-reise.info) zu finden. Zahlreiche Reiseveranstalter in Deutschland bieten Gruppenreisen nach Südostasien an. Viele davon haben auch Angkor im Programm.

Für ein Touristenvisum kann man sich an die kambodschanische Botschaft im Heimatland wenden oder es direkt bei der Landung am Flugplatz in Siem Reap beziehen. Die Ausstellung eines Visums dauert in Deutschland in der Regel fünf Arbeitstage. In Österreich gibt es keine kambodschanische Botschaft. Österreichische Reisende wenden sich am besten an die Botschaft eines anderen EU-Landes.

❯ **Königliche Botschaft von Kambodscha in Berlin,** Benjamin-Vogelforff-Str. 2, 13187 Berlin, Tel. 030 48637901, www.kambodscha-botschaft.de, Mo-Do 8.30-12.30 Uhr und 13.30-17 Uhr
❯ **Königliche Botschaft von Kambodscha in Genf,** Chemin Taverney 3, Case postale 213, 1218 Le Grand-Saconnex, 1200 Genf, www.cambodiaembassy.ch, Tel. 0227887773
❯ **Königliches Generalkonsulat von Kambodscha in Zürich,** Winterthurerstrasse 549, 8051 Zürich, Tel 041448872727, Visastelle Mi.-Fr. 9.30-12 Uhr.

Meine Literaturtipps

› *Bruno Dagens:* **Angkor, Heart of an Asian Empire,** *Thames and Hudson. Sehr gut illustriertes Buch über die „Wiederentdeckung" der Angkor-Tempel.*
› *Nic Dunlop:* **The Lost Executioner,** *Bloomsbury. Der irische Fotojournalist auf der letztendlich erfolgreichen Suche nach Duch, dem Kommandanten von S-21, dem Folterlager der Roten Khmer in Phnom Penh, bietet einen traurigen, aber faszinierenden Einblick in die jüngste Geschichte Kambodschas.*
› *Michael Freeman, Claude Jacques:* **Ancient Angkor,** *River Books. Ausführlicher und gut fotografierter Titel zu den Ruinen, mit Grundrissen und Hunderten Farbbildern. In mehreren Ausgaben erschienen.*
› *Claudia Götze-Sam, Samnang Sam:* **Khmer – Wort für Wort.** *Kauderwelsch,* Reise Know-How *Verlag.*
› *Charles Higham:* **The Civilisation of Angkor,** *Phoenix. Übersichtliche Darstellung der Geschichte Angkors, von den prähistorischen Ursprüngen bis zur französischen „Wiederentdeckung".*
› *Kraig Lieb:* **Cambodia, A Journey Through The Land of the Khmer,** *Purple Moon Publications. Neuer Fotoband zum Land, mit besonderem Augenmerk auf Angkor. Der Text stammt vom Autor Tom Vater.*
› *Andreas Neuhauser:* **Kambodscha,** Reise Know-How *Verlag. Sehr guter deutschsprachiger Kambodschaführer.*
› *William Shawcross:* **Schattenkrieg. Kissinger, Nixon und die Zerstörung Kambodschas,** *Ullstein Verlag. Großartiger journalistischer Klassiker, der die Ursprünge des vier Jahrzehnte andauernden Krieges in Kambodscha ausleuchtet.*
› *Tom Vater:* **The Cambodian Book of the Dead,** *Crime Wave Press. Kriminalroman des Autors, der in Kambodscha spielt und die jüngste Geschichte des Landes beleuchtet.*

Infostellen in der Stadt

› Das neue **Tourist Office** befindet sich ein paar Schritte südöstlich des Raffles Grand d'Angkor Hotels auf einem neu angelegten Busparkplatz [B4]. Die Öffnungszeiten sind variabel, oft ist es unbesetzt und es ist keinen Besuch wert.

Siem Reap im Internet

› https://alisonincambodia.wordpress.com – ein vielfältiger Blog zum Thema Archäologie und zum Tourismus in Angkor
› www.canbypublications.com/siemreap/srhome.htm – Website eines alle drei Monate publizierten Heftchens, das unter anderem Karten, Restaurants und Hotels aufweist
› www.travelfish.org/location/cambodia/western_cambodia/siem_reap/siem_reap – gute Infoquelle für Reisende mit bescheidenem Budget
› www.tourismcambodia.com/travelguides/provinces/siem-reap.htm – offizielle Website des kambodschanischen Fremdenverkehrsamtes mit Infos zu Bevölkerung, Klima und Hotels

Apps

› **Angkor Travel Guide:** einfacher Führer zu den Haupttempeln mit GPS-Funktion und kleiner Sprachhilfe (kostenlos für Android)
› **Angkor Wat Cambodia Tour Guide:** Audio- und Video-Tour zu den Haupttempeln sowie Reise- und Hotelinfos (kostenlos für iOS)

Publikationen und Medien

Lange Jahre boten die beiden englischsprachigen Tageszeitungen **The Cambodia Daily** und **The Phnom Penh Post** solide Reportagen über Politik und Kultur des Landes und der Region. Die Regierung zwang The Cambodia Daily im Jahr 2017, nach 24 Jahren zu schließen. The Phnom Penh Post wurde 2018 in regierungsfreundliche Hände verkauft. Mit der unabhängigen englischsprachigen Presse ist es in Kambodscha vorbei.

Der in vielen Hotels erhältliche South East Asia Globe ist ein englischsprachiges, monatlich erscheinendes Magazin, das die Themen Politik, Wirtschaft und Tourismus in der Region abdeckt. Eher kulturell orientiert ist **Asia Life Cambodia,** das monatlich erscheint und vor allem die neusten Hotels, Bars und Restaurants abdeckt. Die überall ausliegenden Canby Publications bieten Hotel-, Bar- und Restaurantlisten für Siem Reap. Die kleinen **Cambodia Pocket Guides** enthalten Infos sowohl zu Restaurants und Bars als auch zu den Einkaufsmöglichkeiten in Siem Reap, besprechen allerdings nur Geschäfte, die auch auf den Seiten der Heftchen werben.

Internet und Internetcafés

In Siem Reap ist fast jedes Hotel ans Internet angeschlossen. Preiswerte Hotels und *Guesthouses* haben meist ein paar PCs zur kostenlosen Nutzung für die Gäste in der Lobby stehen. Hotels sowie bessere Restaurants und Cafés verfügen in der Regel über WLAN. In teureren Hotels ist für Internetzugang oder WLAN oftmals etwas zuzuzahlen. Entlang der Sivatha Road und um den Old Market befinden sich mehrere Internetcafés. Hinweise zum Datenroaming per Smartphone oder Tablet finden sich auf S. 122.

Medizinische Versorgung

Noch vor ein paar Jahren gab es in Siem Reap praktisch überhaupt keine medizinische Versorgung und wer einen Unfall o. Ä. hatte, musste sich schleunigst ins benachbarte Thailand evakuieren lassen. Auch heute ist den meisten Kambodschanern ärztliche Hilfe weitgehend verwehrt. Ausländische Besucher können sich im Notfall an das **Royal Angkor International Hospital** an der Straße zum Flugplatz wenden, das international ausgebildete, englisch sprechende Ärzte und medizinische Dienstleistungen von hoher Qualität bietet. Auch in zahnärztlichen Notfällen sollte man dieses Krankenhaus aufsuchen. Behandlungen im Royal Angkor International Hospital sind sehr teuer, man sollte daher unbedingt eine **Reisekrankenversicherung** abschließen. Aber auch sonst ist eine solche Versicherung dringend zu empfehlen. Das Unfallrisiko ist höher als zu Hause, der Verkehr chaotisch und die Kosten für eine adäquate medizinische Notfallversorgung – sofern überhaupt vorhanden – oder eine Evakuierung ins Ausland sind gewaltig. Es ist daher wichtig, dass ein eventuell nötiger Rücktransport ins Heimatland abgedeckt ist, wobei man auf den Zusatz „sinnvoll und vertretbar" anstelle des bloßen „medizinisch notwendig" achten sollte. Außerdem sollte man überprüfen, ob eine vollständige Kostenübernahme gewährleistet ist. Bei besonders schweren Fällen werden Patienten per Flugzeug nach Thailand gebracht, was vom Krankenhaus organisiert werden kann.

Beim Kauf von Medikamenten gilt es in Kambodscha aufzupassen. Kleinere Apotheken und auch Kliniken bieten manchmal gefälschte Medikamente an, die zu schweren Vergiftungen führen können. In Siem Reap ist die **Apotheke U-Care** zu empfehlen, die über drei Filialen in der Stadt verfügt: am Old Market, im Lucky Supermarket auf der Sivatha Road und im internationalen Flugplatz. Die einzige als sicher geltende Alternative ist die **Angkor Thom Pharmacy** an der Sivatha Road (Tel. 012 971309). Eine Notrufnummer für Krankenwagen gibt es nicht. Viele Medikamente, für die man in Europa ein Rezept benötigt, sind in Kambodscha frei käuflich.

🔴**63** [C5] **International Dental Clinic,** 545 National Road 6A, Tel. 063767618, kompetenter Zahnarzt.

🔴**64** [bi] **Royal Angkor International Hospital,** Tel. 063761888 oder 012235888 (Handy), www.royalangkorhospital.com, auch bei zahnärztlichen Notfällen

🔴**65** [B6] **U-Care Pharmacy (1),** New Street A, tägl. geöffnet 8–21 Uhr

🔴**66** [A4] **U-Care Pharmacy (2),** Filiale Lucky Supermarket/Sivatha Road, tägl. geöffnet 8–21 Uhr

🔴**67** [bh] **U-Care Pharmacy (3),** Filiale Siem Reap Airport, tägl. 8–21 Uhr

Mit Kindern unterwegs

Auch für viele Kinder ist Angkor ein Traum, der alternative Besuchsziele in und um Siem Reap fast überflüssig macht. Die Tempelruinen erwecken möglicherweise Erinnerungen an Indiana Jones, Tomb Raider und andere Actionfilme. Zudem sind die meisten Kambodschaner von Kindern aus dem Ausland völlig fasziniert, sodass junge Besucher normalerweise sofort im Mittelpunkt des Geschehens stehen.

Die Hitze kann allerdings besonders bei Kindern sehr schnell zu **Wassermangel** führen. Glücklicherweise befinden sich ja inzwischen um alle Haupttempel herum saubere Toiletten und Garküchen.

Zur Abwechslung bieten sich **Ausflüge** in die Dörfer um den Tonlé-Sap-See ❸❼, ins Cambodian Cultural Village ❷❽ oder ein Picknick am westlichen Mebon ❷❺ an.

Viele Hotels in Siem Reap haben inzwischen Schwimmbäder, die auch von Nicht-Hotelgästen genutzt werden können (s. S. 131). Der **Phare-Ponleu-Selpak-Zirkus** ist sowohl für Erwachsense als auch Kinder einen Besuch wert (s. S. 87). Auch das Schattenpuppentheater des Bambu Stage (s. S. 87) ist für Kinder von Interesse.

Auch die Auswahl an Speisen für Kinder, die sich mit allzu scharfer oder exotischer Küche möglicherweise schwer tun, ist in Siem Reap so gut wie gar nicht eingeschränkt. Ja, es gibt inzwischen einen KFC (Kentucky Fried Chicken), aber auch fast jedes Restaurant mit einer englischen Speisekarte kann **kindgerechte westliche Mahlzeiten** servieren. Zudem bietet Kambodscha auch eine Unmenge an unbekanntem (und bekanntem) Obst als gesunder Snack zwischendurch – unter anderem Mangos, Mangusten und die feurig aussehende, aber sehr süß schmeckende Pitahaya.

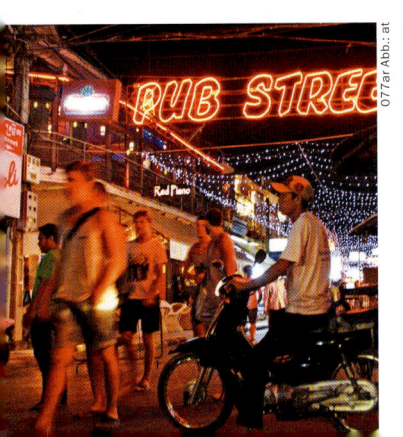

Nachtleben

Das Nachtleben von Siem Reap ist nicht sonderlich aufregend, schon gar nicht im Vergleich mit dem etwas wilderen der Hauptstadt Phnom Penh. Das bedeutet auch, dass hier weniger Massagesalons, Karaoke- und Hostessenbars zu finden sind. Die meisten Besucher der Stadt sind ja schließlich wegen der Tempel gekommen und wollen nach acht Stunden Ruinenbesichtigung nur noch ein gutes Abendessen und ein komfortables Bett. Wer nach Sonnenuntergang noch Energie übrig hat, findet vor allem um den Old Market und entlang der Sivatha Road eine gute Auswahl an Cocktail- und Bierbars und einige Klubs, wo bis Sonnenaufgang getanzt wird. Spezielle **Apsara-Tanzvorstellungen** gibt es z. B. im Raffles Grand Hotel (s. S. 127).

Bars und Klubs

❼68 [B6] **Angkor What?,** Pub Street (Street 8), Tel. 012490755, geöffnet tägl. 18 Uhr bis spät. Die erste Bar von Siem Reap öffnete 1998 und ist noch immer eines der populärsten Etablissements der Stadt. Die Wände sind mit Unterschriften früherer Kunden verziert und es wird zu lautem Techno und Drum 'n' Bass bis in den Morgen getanzt.

❼69 [B5] **Asana Cambodian House,** in einer Gasse zwischen Pub Street und Street 7, Tel. 092987801, tägl. 11 Uhr bis spät. Diese Bar ist in einem traditionellen Holzhaus untergebracht und serviert Cocktails mit kambodschanischen

◁ *Nach den vielen Tempelbesichtigungen gehts auf einen Schlummertrunk in die Pub Street [B6]*

Kräutern. Für US$ 15 kann man an einem Khmer-Cocktail-Kurs teilnehmen.

❼70 [A6] **Harbour Pirate Tavern,** Night Market Road, Tel. 099200069, www.theharboursiemreap.com, tägl. 12–1 Uhr. Die alternative Adresse der Stadt, eine Bar, die aus den unteren Decks eines Piratenschiffs entnommen zu sein scheint. Neben guten hausgemachten Sandwiches gibt es eine große Auswahl an Rum. Die Kneipe bietet Livemusik, Flohmärkte und Kabarettabende. Mittwochs ist Open-Mic-Abend. Unter der Bar befindet sich Siem Reaps bester Tätowierladen The Harbour (s. S. 98).

❼71 [A6] **Picasso,** The Passage, geöffnet tägl. 17–24 Uhr. Die kleine Cocktail- und Tapasbar bietet ruhiges, gediegenes Ambiente im Herzen der Stadt.

› [B4] **The Elephant Bar,** Raffles Grand Hotel d'Angkor (s. S. 127), geöffnet tägl. 16–24 Uhr. Eine der teuersten Bars der Stadt bietet im kolonialen Fünfsternehotel exklusives Flair, Cocktails, Wein- und Biersorten aus aller Welt. Hier bekommt man einen Eindruck, wie die betuchten Touristen zu Beginn den 20. Jh. ihre Abende nach dem Besuch der Ruinen verbrachten.

❼72 [A5] **The Island Bar,** Angkor Night Market, www.angkornightmarket.com, geöffnet tägl. 16–24 Uhr. Gartenbar im balinesischen Stil, im Angkor Night Market. Wem das Einkaufen zu stressig wird, der kann sich unter einem gewölbten Strohdach niederlassen und einen Cocktail oder ein kaltes Bier trinken. Happy Hour von 16–20 Uhr.

❼73 [B6] **Temple Club Bar,** Pub Street, geöffnet tägl. von 18 Uhr bis spät in die Nacht. Eine der populärsten, lautesten Partybars der Stadt. Wer andere junge Reisende treffen will, ist hier richtig.

❼74 [A6] **X Rooftop Bar,** Pub Street (Street 8), Tel. 092207842, geöffnet tägl. von 16 bis Sonnenaufgang, WLAN. Auf einer Dachterrasse in der Pub Street gelegen, bietet die höchste Bar von Siem Reap neben dem besten Blick auf die Innenstadt, Bier, Wein und Zigarren auch Filme auf großer Leinwand und gelegentliche Livemusik.

Notfälle

➤75 [B1] **Tourist Police:** gegenüber der Kasse an der Hauptstraße zu den Tempeln, Tel. 012 402424
› **Feuer:** Tel. 012 784464
› **Krankenhaus** (s. S. 115): Tel. 063 761888
› **Krankenhaus Handy:** Tel. 012 235888
› **Apotheke** (s. S. 115): Tel. 012 971309, 063 956396

Kartensperrung

Bei **Verlust der Debit-/Giro-, Kredit-** oder **SIM-Karte** gibt es für Kartensperrungen eine **deutsche Zentralnummer** (unbedingt vor der Reise klären, ob die eigene Bank bzw. der jeweilige Mobilfunkanbieter diesem Notrufsystem angeschlossen ist). **Aber Achtung:** Mit der telefonischen Sperrung sind die Bezahlkarten zwar für die Bezahlung/Geldabhebung mit der PIN gesperrt, nicht jedoch für das **Lastschriftverfahren mit Unterschrift.** Man sollte daher auf jeden Fall den Verlust zusätzlich **bei der Polizei zur**

Smoker's Guide

Seit Premier Hun Sen nicht mehr raucht, ist es strafbar, in Hotels, Bars, Restaurants und öffentlichen Transportmitteln zu qualmen, allerdings wird dies nicht konsequent durchgesetzt. Wer in den Angkor-Tempeln raucht, bekommt Probleme mit den APSARA-Tempelwächtern.

Anzeige bringen, um gegebenenfalls auftretende Ansprüche zurückweisen zu können.

In **Österreich** und der **Schweiz** gibt es keine zentrale Sperrnummer, daher sollten sich Besitzer von in diesen Ländern ausgestellten Debit- oder Kreditkarten vor der Abreise bei ihrem Kreditinstitut über den zuständigen Sperrnotruf informieren.

Generell sollte man sich immer die **wichtigsten Daten** wie Kartennum-

Infos für LGBT+

Eine Schwulenszene an sich gibt es in Kambodscha nicht, aber die Homosexualität wird gutmütig toleriert und gelegentlich sogar gepriesen. Siem Reap bietet ein paar schwulenfreundliche Bars und Unterkünfte, allen voran das Men's Resort & Spa, das vielleicht einzige Boutique-Hotel in Südostasien, das ausschließlich schwule Gäste willkommen heißt. Weitere Informationen:
› *www.utopia-asia.com*
› *www.travelgayasia.com*

Bars

🌈**76** *[B5]* **Barcode**, *in der Verlängerung der Pub Street, Tel. 0636986161. DJs und Danceshows, dazu Cocktails und Wein und eine nette Gartenterrasse bietet diese schwulenfreundliche Bar.*

🌈**77** *[B6]* **Miss Wong Cocktail Bar**, *in der nördlich und parallel zur Pub Street verlaufenden Straße gelegen, www.misswong.net, geöffnet tägl. 17-1 Uhr. Asiatischer Retrokitsch à la Shanghai der 1930er-Jahre und eine große Auswahl an Cocktails werden in dieser schwulenfreundlichen Bar geboten.*

Unterkunft

🏠**78** *[B6]* **Cockatoo Resort** $$$, *Tel. 063969069, www.cockatoocambodia.com.* **Mit altem Khmer-Haus und zwei balinesischen Bungalows:** *Das nett eingerichtete, schwulenfreundliche, von einem britischen Fotografen geleitete Resort bietet saubere Zimmer mit allem Komfort inkl. Frühstück. Im Garten wartet ein Pool auf die Gäste und das Restaurant serviert sehr gute kambodschanische Gerichte. In der angeschlossenen Café-Bar Noir werden abends Hollywoodfilme aus den 1930er- bis 1950er-Jahren (Films noir) gezeigt.*

🏠**79** *[C4]* **Men's Resort & Spa** $$$, *nahe Wat Po Lanka, Tel. 063 963053, www.mens-resort.com.* **Exklusiv für Schwule etablierte Unterkunft:** *zehn originelle, im Boutique-Beton-Finish gehaltene Zimmer mit allem Komfort, die um einen Pool und einen Wellnessbereich mit Sauna und Massageangebot gruppiert sind. Die Anlage befindet sich in einer sehr ruhigen Gegend, hat aber kein Restaurant.*

🏠**80** *[B6]* **Rambutan Resort** $$$-$$$$, *Rambutan Lane, nahe Wat Damnak, Tel. 63766655, http://rambutansiemreap.com.* **Boutiquehotel im Zentrum:** *Nur fünf Minuten vom Old Market entfernt, bietet das schwulenfreundliche Hotel große, sehr nett eingerichtete Zimmer mit traditionellen Fliesenböden, Klimaanlage, TV, Minibar und Balkon. Einen netten Pool und ein Apartment mit Küche gibt es auch.*

mer und Ausstellungsdatum **separat notieren,** da diese unter Umständen abgefragt werden.
› **Deutscher Sperrnotruf:** Tel. +49 116116 oder Tel. +49 3040504050
› **Weitere Infos:** www.kartensicherheit.de, www.sperr-notruf.de

Öffnungszeiten

Ämter sind offiziell montags bis freitags von 7.30 bis 11.30 Uhr und von 14 bis 17 Uhr geöffnet. Ob zu diesen Zeiten tatsächlich jemand anwesend ist, sei dahingestellt – Regierungsjobs sind schlecht bezahlt und viele Angestellte haben noch eine zweite Arbeitsstelle.

Banken sind generell montags bis freitags von 8.30 bis 15.30 Uhr geöffnet, gelegentlich auch samstags von 8.30 bis 11.30 Uhr. **Märkte** öffnen normalerweise sehr früh und schließen gegen 17 Uhr. Touristenmärkte sind in Siem Reap generell bis in die Nacht geöffnet. **Geschäfte** sind im Allgemeinen von 7 bis 19 Uhr geöffnet.

Post

Die **Hauptpost** in Siem Reap befindet sich auf der Westseite des Flusses an der Pokambor Avenue etwas südlich vom FCC (Foreign Correspondents Club). Wie sicher es ist, verpackte Wertgegenstände von hier aus zu verschicken, ist ungewiss, denn die kambodschanische Post ist nicht immer zuverlässig. Sammler können hier sowohl neue als auch alte Briefmarken erstehen. Alle kleineren Postämter sollte man besser meiden. Wer schwere Gegenstände versenden will, kann sich an **DHL** wenden. Das Verschicken größerer Sendungen kostet um die US$ 10 pro Kilo, während kleine Pakete sehr teuer sind – bis zu US$ 100 pro Kilo. Reisende, die sich etwas aus dem Ausland zuschicken lassen wollen, sollten besser eine Hoteladresse als die der Post angeben. Aber auch dann gibt es keine Garantie, dass die Sendung ankommt. Ein Brief oder Paket braucht zwei bis drei Wochen für die Reise von Europa nach Kambodscha. Übrigens ist die Post in den Nachbarländern verlässlicher.

Postkarten gibt es in Siem Reap überall zu kaufen und auch die geschäftstüchtigen Straßenhändler bieten ganze Bündel davon an. Die Karten kosten je nach Qualität zwischen US$ 0,10 und US$ 1,50. Briefmarken für Postkarten nach Europa bekommt man für etwa 2000 Rl. Kunden sollten sichergehen, dass die Karten nach dem Kauf auf der Post auch wirklich frankiert werden.

✉ **81** [B5] **Hauptpost,** Pokambor Avenue, geöffnet täglich 7–17.30 Uhr
✉ **82** [A5] **DHL,** Sivatha Road 15A, Tel. 063 964949

Radfahren

Wer kräftig genug ist, sollte den **Angkor Archaeological Park mit dem Fahrrad erkunden.** Die Entfernungen sind recht groß, aber sämtliche Straßen sind asphaltiert und Berge gibt es auch keine. Im Sommer ist es zwar unerträglich heiß, doch alle paar Kilometer kann man Wasser kaufen. Zu Stoßzeiten kommt es allerdings aufgrund der vielen Touristenbusse zu Verkehrsstaus, vor allem am frühen Abend um Phnom Bakheng, was für Radfahrer in der staubigen Hitze nicht sonderlich angenehm ist.

In **Siem Reap** gilt es, besondere Vorsicht walten zu lassen. Täglich gibt es zahlreiche Unfälle und Fahrradfahrer sind wenig beachtete Teilnehmer am kambodschanischen Straßenverkehr.

Empfehlenswerte **Fahrradtouren** in die Dörfer um Siem Reap und zu den Angkor-Tempeln werden von Grasshopper Adventures angeboten (http://grasshopperadventures.com, Street 26, Tel. 012462165).

Sicherheit

Siem Reap ist der sicherste Ort Kambodschas. Im Gegensatz zu Phnom Penh wird in der Stadt der Angkor-Tempel darauf geachtet, dass die zwei Millionen Besucher nicht von unappetitlichen Realitäten abgeschreckt werden. **Kriminalität ist also kaum ein Problem.** Dennoch sollten Hotelzimmer immer abgeschlossen werden – ob man sich nun drinnen oder draußen befindet. Zudem sind Wertsachen und Dokumente, soweit es geht, mit sich zu führen. Während der Tuk-Tuk-Fahrten sollte die Handtasche stets festgehalten werden.

Drogen gibt es in Siem Reap so gut wie gar nicht, bis auf Marihuana, das jüngeren Besuchern gelegentlich abends in der Altstadt offeriert wird. Dennoch sollte man wissen, dass der Drogenkonsum illegal ist. Die Einheimischen konsumieren Methamphetamin, das aber Touristen in der Regel nicht angeboten wird.

Auch **Prostitution** wird, obwohl illegal, in Siem Reap betrieben, aber wer nicht danach sucht, wird kaum von entsprechenden Angeboten belästigt werden. Die Quote von HIV-Infektionen in der kambodschanischen Sexindustrie liegt sehr hoch.

Wer aufgrund von Gesetzesübertretungen **mit der Polizei in Konflikt** gerät, kann von der eigenen Botschaft keine Hilfe erwarten und sollte versuchen, sich höflich und mit Zahlung von Schmiergeldern aus dem Schlamassel zu befreien. Kambodschanische Gefängnisse sind genau das, was man befürchtet – und Schlimmeres. Am besten bleibt man der Polizei, die aufgrund niedriger Löhne zur Korruption neigt, generell fern.

Reisende, die einen Diebstahl anzeigen möchten, sollten sich an die **Tourist Police** (s. S. 117) am alten Eingang zum Angkor Archaeological Park wenden. Wer ohne eigenes Verschulden in eine heikle Lage gerät, sollte selbstverständlich die eigene Botschaft (s. S. 93) kontaktieren.

Sprache

Die Landessprache Kambodschas ist Khmer und wird von 95 % der Bevölkerung gesprochen – einzige Ausnahmen sind die Bergvölker im Nordosten des Landes.

Die Khmer-Schrift basiert auf einer südindischen Sprache und ist eine der ältesten Südostasiens. Im Gegensatz zu Thai, Laotisch und Vietnamesisch ist Khmer nicht tonal, was das Erlernen der Sprache allerdings nicht deutlich einfacher macht – die **Aussprache von Khmer ist für Europäer schwierig.** Zudem ist die Sprachforschung in Kambodscha aufgrund der langen Kriegsjahre schon seit einem halben Jahrhundert kaum mehr aktiv, was zu linguistischen Ungenauigkeiten im täglichen Sprachgebrauch geführt hat, die sich in sprachlichen Missverständnissen sogar unter den Kambodschanern niederschlagen. Die

Khmer-Grammatik ist allerdings sehr einfach. Es gibt weder Singular noch Plural, man kennt weder Artikel noch Kasus-Endungen.

Ältere Kambodschaner sprechen oft ein wenig **Französisch**, während die jüngere Generation hoch motiviert ist, Englisch zu lernen. Die Kinder, die in den Tempeln versuchen, Souvenirs zu verkaufen, scheinen fast jeder Sprache mächtig zu sein. Wer im Zuge seines Aufenthalts ein paar Brocken Khmer lernt, wird die Kambodschaner erstaunen und erfreuen.

Im Anhang dieses Buches sind ein Glossar landessprachlicher Begriffe und ein kleiner Sprachführer zu finden (s. S. 135). Wer einen tieferen Einblick in die Sprache wünscht, dem sei der Kauderwelsch-Sprachführer „**Khmer für Kambodscha – Wort für Wort**" von Claudia Götze-Sam und Sam Samnang empfohlen (s. S. 113).

Telefonieren

Die **Landesvorwahl** für Kambodscha ist 855. Die ersten drei Zahlen einer Telefonnummer geben die Orts- oder Handyvorwahl an. Die **Vorwahl für Siem Reap** ist 063 und muss immer mitgewählt werden.

Wer **ins Ausland** telefoniert, muss, je nachdem, welches Netzwerk man nutzt, 001 (Telecom Cambodia), 007 (Royal Telecom) oder 008 (VoIP) vor die Landesnummer setzen, für Deutschland also zum Beispiel 00149, für die Schweiz 00141 und für Österreich 00143. Internationale Anrufe kann man von allen großen Hotels, vielen *Guesthouses* und der Post aus tätigen – die Kosten liegen zwischen US$ 1 und US$ 3 pro Minute. Preiswerter ist es, von ei-

◩ *Auch Mönche sind gern erreichbar, hier vor Angkor Wat* ❶

nem Internetcafé oder *Guesthouse* über das Netz anzurufen, was etwa 1000 Rl/0,25 US$ pro Minute kostet. Da nicht in jedem Haushalt ein Festnetzanschluss vorhanden ist und viele Kambodschaner schon Handys besaßen, als es noch gar kein Netz gab, geben Geschäfte, Restaurants und Hotels oft **Handynummern** als Kontakt an.

SIM-Karten für Mobiltelefone gibt es in vielen Geschäften und am Flughafen problemlos zu kaufen. Die Preise liegen bei ein paar Dollars und in vielen Läden bekommt man Pre-Paid-Karten. Telefonkosten bei Inlandsgesprächen sind gering – für ein Gespräch in Kambodscha zahlt man um die US$ 0,20 pro Minute. **Roaming-Kosten** sind in Kambodscha aber sehr hoch, also Vorsicht beim Telefonieren mit der eigenen SIM-Karte. In Kambodscha gekaufte SIM-Karten verfallen in der Regel, wenn man sie drei Monate lang nicht benutzt hat. Mobiltelefone kann man hier günstig erstehen.

Viele Reisende nutzen auch im Ausland eine **mobile Datenverbindung.** Dies ist jedoch häufig mit hohen Kosten verbunden. Man sollte daher vor der Reise bei seinem Netzbetreiber Informationen über evtl. günstigere Auslandsdatenpakete einholen oder zur Sicherheit die Mobile-Daten-Option deaktivieren und nur über kostenlose WLAN-Netze ins Internet gehen.

Uhrzeit

Kambodscha ist der Zeit in Berlin, Bern und Wien im Sommer fünf Stunden voraus, im Winter sechs Stunden, je nach den Zeiteinstellungen in Europa. Kambodscha hat keine Winter- oder Sommerzeit.

Unterkunft

Siem Reap bietet eine schier endlose Auswahl an Unterkünften, mehr als 10.000 Hotelbetten soll es geben. Von kleinen, oft fensterlosen Zimmern für fünf Dollar bis hin zum blanken Luxus wird im Stadtzentrum alles geboten.

Gästehäuser (Guesthouses)

83 [cj] **Areca Angkor Boutique Villa** $$, Wat Bo Village, Tel. 063964280. **Ruhig und persönlich:** Elf gemütliche Zimmer in einem zweistöckigen Gebäude, das von einem fast dschungelartigen Garten mit kleinem Pool und einfachem Restaurant umringt ist. Sehr freundliches Personal. Etwas weit weg von der Stadt.

84 [A4] **Bou Savy Guest House** $, in einer Seitenstraße der Airport Road, direkt hinter Wat Kesararam, Tel. 063964967 und 012898627 (Handy), www.bousavyguesthouse.com. **Freundliche, familiäre Atmospäre:** Diese sehr freundliche kleine Pension bietet große einfache Zimmer, teilweise mit Klimaanlage. Dazu TV, Internetzugang, WLAN, einen kleinen Pool und ein ordentliches Restaurant, das einfache Khmer-Gerichte serviert. Etwas abgelegen, aber durchaus empfehlenswert für Besucher, die möglichst preiswert schlafen wollen.

85 [C5] **Home Sweet Home** $, in der Nähe von Wat Bo, etwas südlich der

Preiskategorien

$	bis 25 US$
$$	25–50 US$
$$$	50–100 US$
$$$$	100–200 US$
$$$$$	über 200 US$
(Preis für ein Doppelzimmer/Nacht)	

Nationalstraße 6, Tel. 063760279, www.homesweethomesiemreap.com. **Einfacher Komfort am Stadtrand:** Saubere Zimmer, teilweise mit Holzböden für um die US$ 10, machen dieses kleine *Guesthouse* zu einer ausgezeichneten Wahl für Reisende auf Sparflamme.

86 [B5] **Ivy Guest House & Bar** $, Central Market Street, Tel. 012389516, www.ivy-guesthouse.com. **Rustikal und zentral:** Eines der ältesten Guesthouses der Stadt bietet ein paar Minuten vom Old Market entfernt einfache Zimmer mit und ohne Klimaanlage zu Schleuderpreisen. Die Zimmer im Holzteil des Hauses sind gemütlicher. Das angeschlossene Tapas-Restaurant ist nicht schlecht.

87 [B6] **Shadow of Angkor Residence** $-$$, Pokambor Street, in der Nähe des Old Market, Tel. 063760363 und 012968881 (Handy), www.shadowangkorresidence.com. **Zentral und historisch:** Dieses Guesthouse bietet einfache, aber ordentliche Zimmer mit Bad in einem Gebäude aus der französischen Kolonialzeit, nicht weit vom Old Market entfernt. Klimaanlage, TV und WLAN. Einige Räume verfügen über Balkons mit Blick auf den Fluss. Ein Restaurant ist angeschlossen.

88 [A7] **Siem Reap Riverside** $, Sivatha Road, www.siemreapriverside.net, Tel. 063760177. **Dachterrasse für den Sonnenuntergang:** Dieses kleine, sehr freundliche Guesthouse etwas südlich der Stadt an der Straße nach Phnom Krom bietet einfache, saubere, komfortable und etwas anonyme, wenig fantasievoll ausgestattete Zimmer mit Klimaanlage und WLAN. In der Lobby gibt es zudem Internetzugang. Ein bescheidenes Frühstück ist im Zimmerpreis inbegriffen und die Angestellten geben sich große Mühe, den Aufenthalt der Gäste möglichst angenehm zu gestalten. Eine nette Dachterrasse mit Blick über den Fluss und einen Pool, groß genug zum Abkühlen, hat es auch. Zum Old Market sind es etwa zehn Minuten Fußmarsch.

89 [C6] **Soun Angkor Boutique** $, No. 211, Phum Wat Bo, Tel. 017571852,

Das Siem Reap Riverside Guesthouse bietet günstige Zimmer

www.suonangkorboutique.com. **Wohlfühlen am Pool:** Dieses kleine Hotel bietet große, saubere Zimmer mit Klimaanlage zu kleinen Preisen. Alle befinden sich in einem netten Garten mit Schwimmgelegenheit. Etwas abgelegen, aber das ist das Extra an Komfort wert.

90 [B5] **Two Dragons Guesthouse** $, Street 20, nahe Wat Bo, Tel. 063965107, 012868551 (Handy), www.twodragons-asia.com. **Nichtraucherfreundlich:** Dieses ordentliche, seit 2004 geöffnete Guesthouse hat 13 kleine, aber saubere Nichtraucherzimmer (mit Air Condition) und ein gemütliches Restaurant, das gute thailändische und kambodschanische Gerichte serviert sowie kostenfreies WLAN für Gäste bietet.

Mittlere und untere Kategorie

91 [A6] **Baby Elephant Boutique Hotel** $$, Tel. 07776 9126, 418, Road 53, www.babyelephant.asia. **Gartenpool und veganes Essen:** 13 große und saubere Zimmer mit Klimaanlage, WLAN und TV, auch mit Extrabetten für Kinder. Dazu ein Pool und eine Speisekarte, über die sich Vegetarier und Veganer freuen werden.

92 [A5] **Central Boutique Angkor Hotel** $$, Tapoul Village, www.centralboutiqueangkorhotel.com, Tel. 063764030, Mobil 017871081. **Freundlich und hilfsbereit:** 36 recht ordentliche traditionelle Zimmer mit Klimaanlage, TV und Minibar, teilweise in kleinen Chalets in einem sehr schön angelegten Garten untergebracht. Es gibt besondere Zimmer für Nichtraucher sowie größere Familienräume mit Extrabetten. Ein Swimmingpool und ein Restaurant sind angeschlossen und die Gäste werden kostenlos vom Flugplatz abgeholt.

93 [B6] **Central Indochine d'Angkor Hotel** $-$$, Tel. 063766176, 7 Makara, Wat Damnak, www.centralindochine. com. **Ideal für junge Paare:** großes, modernes Hotel mit hellen und sauberen Zimmern mit WLAN, Klimanlage, TV etc., einem netten Pool mit Bar, ungeuer freundlichem und hilfsbereitem Personal und guten Massagen.

94 [A6] **Central Prestige d'Angkor** $$, Alley West, Tel. 063763078, www.centralprestigedangkor.com. **Im Herzen der Stadt:** modernes, feines Guesthouse in minimalistischem Stil mit hellen Zimmern in einer lebendingen Gasse. Die Family Suite im obersten Stockwerk ist eigentlich nur ein großes Zimmer mit zwei Extrabetten, aber der Blick ist toll. Das angeschlossene Restaurant serviert vor allem einfache und schmackhafte Khmer-Küche.

95 [B5] **City River Hotel** $$, 0511, Acha Sva Street, nahe Wat Bo, Tel. 063763000, www.cityriverhotel.com. **Gediegener Komfort:** elegante Zimmer mit Holzfußböden und Schreibtisch, Klimaanlage, TV, Internet und WLAN in einem modernen und zugleich stilvollen Gebäude. Frühstück im Zimmerpreis inbegriffen. Auf der Dachterrasse befindet sich ein kleiner Swimmingpool und das Restaurant bietet solide Khmer- und westliche Küche.

96 [cj] **Golden Mango Inn** $, Tel. 063761857, No. 0658, Road 6, http://goldenmangoinn.com. **Tropischer Poolgarten:** sehr nette, kompakte Zimmer mit typisch kambodschanischen Fliesenböden, großen Betten mit Moskitonetzen, eleganten Holzmöbeln, Klimaanlage, WLAN, TV, Safe, Kühlschrank – und das Restaurant ist auch nicht schlecht.

97 [A4] **Jasmine Lodge** $, Tel. 012784980, National Road N 6, 307, www.jasminelodge.com. **Junges Ambiente und viel Platz:** sauberes Guesthouse mit großen, einfachen Zimmern, Klimaanlage, TV und Frühstück inklusive sowie einem kleinen Pool. Die Angestellten sind

Unterkunft

nicht immer ganz präsent, aber das Preis-Leistungs-Verhältnis stimmt.

98 [B4] **Kafu Resort** $^{\$\$}$, River Road, Tel. 063964242, www.kafu-resort.com. **Der kleine Luxus:** helle, große und makellose Zimmer mit Balkon oder Terrasse in einem sehr nett angelegten Garten mit Pool. Zum Frühstück gibt es frische Croissants. Dazu Massagen und Chupong, eine traditionelle kambodschanische Sauna.

99 [A7] **Mango Rain Boutique Hotel** $^{\$-\$\$}$, Tel. 063765554, No. 108 Wat Svay Village, www.mangorainboutique.com. **Familienfreundliches Urlaubsambiente:** große, saubere Zimmer, teilweise auch mit drei Betten, freundlicher Service und ein Pool – und das ein bisschen abseits des Trubels südlich der Stadt, ideal für Reisende mit Kindern.

100 [C6] **Manjula Villa** $^{\$\$}$, Street 26, Tel. 092505538, http://manjulavilla.com. **Romantisches Boutique Guesthouse:** Paare werden sich in diesem kleinen Etablissement, ein paar Minuten Fußweg von der Stadt entfernt, wohlfühlen. Die Zimmer sind kompakt und makellos aus einer futuristisch wirkenden Gießform konstruiert und, da die Fenster nicht aufgehen, absolut nur für Nichtraucher. Ein kleiner Pool ist angeschlossen und Massagen können im Hause organisiert werden. Das Frühstück ist allerdings nichts Besonderes.

101 [C4] **Mysteres d'Angkor** $^{\$\$-\$\$\$}$, hinter Wat Po Lanka im Norden der Stadt, östlich des Flusses, Tel. 063963639, www.mysteres-angkor.com. **Frankofone Idylle:** Dieses französische Hotel bietet große, komfortable Zimmer in traditionellen Khmer-Pavillons, teilweise mit antiken Möbeln und Klimaanlage ausgestattet, in einem attraktiven Garten mit Swimmingpool. Alle Zimmer bieten genug Platz für ein Extrabett und einige geräumige Suiten mit separatem Wohnzimmer sind auch für Familien geeignet. Man kann Fahrräder mieten und müde Tempelbesucher können sich bei einer professionellen Massage erholen. Sehr ruhig und zum Ausspannen perfekt geeignet.

102 [bi] **Paul Dubrule Hotel and Tourism School** $^{\$\$}$, Airport Road, Tel. 063963673, mobil 092356641, www.ecolepauldubrule.org. **Wohnen und helfen:** Etwas ganz anderes ist diese Hotelfachschule in der Nähe des Flugplatzes, die nur vier luxuriöse Zimmer in einem schönen Garten zu außerordentlich günstigen Preisen bietet. Der Grund: Hier werden Schüler in allen Bereichen des Hotelwesens ausgebildet. Ein Restaurant, ebenfalls von Schülern geführt, bietet gute Khmer-Küche; es ist allerdings nicht immer geöffnet.

103 [B5] **Shadow Angkor Villa** $^{\$-\$\$}$, Wat Bo Road, www.shadowangkorvilla.com, Tel. 063760363. **Ganz nah am Trubel entspannen:** ein gutes Mittelklassehotel in einem neuen Gebäude auf der Ostseite des Flusses, ca. fünf Minuten zu Fuß in die Altstadt. Mit 22 sauberen, einfachen Zimmern mit Klimaanlage, TV, Kühlschrank und WLAN und einem kleinen Swimmingpool. Einige Zimmer haben Balkons. Fahrräder können gemietet werden und ein kleines Spa ist dem Hotel auch angeschlossen.

104 [C4] **SiZen Retreat & Spa** $^{\$-\$\$}$, im Norden der Stadt in der Nähe von Wat Po Lanka, auf der östlichen Flussseite, Tel. 063964740, www.sizen-retreat.com. **Entspannte Dschungelidylle:** 20 sehr schöne Zimmer sind in fünf großen Steinbungalows in einem tropischen Garten untergebracht. Die komfortablen und sauberen Räume sind sehr stilvoll mit antiken Möbeln und modernen Bädern ausgestattet und bieten alles, was sich ein Besucher Angkors wünschen kann – Klimaanlage, WLAN und Internet sowie eine private Terrasse. Das Frühstück wird am Pool serviert. Das Restaurant bietet Snacks und leichte Khmer-Speisen.

105 [A6] **The Moon Villa** $$, Sivatha Road, Tel. 063968567, www.themoonvilla.com. **Preiswerter Luxus:** Ganz sicher ist sich das neue Moon Villa nicht, ob es Guesthouse oder Boutique Budget Hotel sein will, aber die Zimmer sind komfortabel, das Restaurant bietet eine große Auswahl an kambodschanischen und europäischen Gerichten und zur Pub Street sind es nur ein paar Minuten Fußweg.

106 [A5] **The Villa Siem Reap** $, Taphul Road, www.thevillasiemreap.com, Tel. 063 761036. **Farbenfroh und jung:** Dieses kleine, gemütliche und auf eine junge Klientel eingestellte Boutique-Hotel bietet einfache, saubere und farbenfroh eingerichtete Zimmer sowie ein gutes Restaurant.

107 [bi] **Villa Nanda** $$, Teaksen Khang Tbaung, Kuk Chark, Tel. 012488434, www.villa-nanda.com. **Freundliches Mini-Hotel mit Hollywood Connection:** ein bisschen schwer zu finden in einem Neubaugebiet zwischen der Straße zum Flughafen und Street 30, aber die Villa Nanda ist die Mühe wert. Die sechs Zimmer mit Balkons oder Terrassen sind groß, einfach und hell. Der Besitzer ist ungemein hilfreich, das Essen seiner Frau ist großartig und der kleine Pool ist nach der Hitze der Tempel willkommen. Das kleine Hotel diente ursprünglich als die Residenz des Teams, das die Spezialeffekte für Angelina Jolies Film „First They Killed My Father" kreiert hat.

Gehobene Kategorie

108 [B6] **Angkor Village Hotel** $$$$, in der Nähe des Wat-Bo-Tempels, auf der westlichen Flussseite, Tel. 063963561, www.angkorvillage.com. **Elegante Anlage inmitten eines üppigen, tropischen Gartens:** mit Swimmingpool ganz nahe der Altstadt. Zimmer und Bungalows mit Klimaanlage und TV im traditionellen Khmer-Stil bieten allen Komfort. Gegenüber liegt das dazugehörende Angkor Village Theatre, wo allabendlich um 18.30

Eine der feinsten Adressen: das Raffles Grand Hotel d'Angkor

und 20 Uhr traditionelle Apsara-Tanzvorführungen stattfinden.
- 109 [B5] **Shinta Mani Resort** $$$$, Oum Khun Street, in der Nähe der Post, Tel. 063761998, http://shintamani.com. **Topmoderner Luxus bei sozialem Engagement:** Dieses luxuriöse Hotel bietet 18 große Zimmer und ist mit dem Institute of Hospitality, einer renommierten Hotelfachschule verbunden. Die Angestellten sind Schüler dieser Ausbildungsstätte. Alle Zimmer sind durchdacht und modern ausgestattet und bieten Klimaanlage, TV und WLAN. Gäste können zudem einen Swimmingpool, einen Wellnessbereich und eine Bibliothek mit Internetzugang nutzen.
- 110 [bk] **Sojourn Boutique Villas** $$-$$$, nahe Wat Athvea, südwestlich der Stadt, Tel. 12923437, www.sojournsiemreap.com. **Dorf-Idylle im Grünen:** sehr schöne tropische Gartenanlage mit neuen luxuriösen Bungalows (Klimaanlage, WLAN und TV). Das Resort ist von Reisfeldern umgeben und bietet ein ganz anderes, ruhigeres Ambiente als die Wohnmöglichkeiten in der Stadt. Einen Pool, ein Spa und ein Restaurant gibt es auch.

Luxuskategorie

- 111 [B4] **Raffles Grand Hotel d'Angkor** $$$$$, 1, Charles de Gaulle Ave, Tel. 063963888, www.raffles.com. **Eines der geschichtsträchtigsten Gebäude in Siem Reap:** Dieser weitläufige, sehr schön restaurierte Hotelpalast aus der französischen Kolonialzeit war schon in den 1920er-Jahren die bevorzugte Absteige für die vermögenden europäischen Besucher Angkors. Heute bietet das Grand Hotel 119 luxuriöse, moderne Zimmer und Suiten mit kolonialem Flair, einen großen Swimmingpool, einen Wellnessbereich und hervorragende Apsara-Tanzvorführungen.

Verhaltenstipps

Kambodscha ist ein konservatives Land, in dem Reichtum mit sozialer Stellung verbunden ist. Von Besuchern aus dem Ausland wird grundsätzlich angenommen, dass sie wohlhabend sind, was aus kambodschanischer Sicht ja auch stimmt. Dementsprechend erwarten Kambodschaner, dass man sich angemessen kleidet. Wer also nicht unangenehm auffallen möchte, sollte **so sauber und korrekt wie möglich gekleidet sein**. Ohne Hemd oder in einem Bikini-Top herumzulaufen ist unangemessen – auch im Angkor Archaeological Park.

Weiterhin ist es für Kambodschaner **wichtig, das Gesicht nicht zu verlieren**. Das bedeutet, dass man vor seinen Mitmenschen Würde und Selbstachtung bewahren möchte. Besucher sollten sich bewusst sein, dass sie Anstoß erregen, wenn sie ihr Gegenüber durch lautes oder überschwängliches Auftreten in Verlegenheit bringen oder durch Streitigkeiten in die Enge treiben. Wer sich über etwas beschweren will, sollte dies behutsam tun: Beispielsweise sollte im Hotel nicht in energischem Ton eine neue Glühbirne verlangt, sondern das Management freundlich darauf hingewiesen werden, dass das Licht nicht funktioniert. Diese Art der Konfliktlösung kann Westler frustrieren. Es kann aber zu wütenden, sogar gefährlichen Reaktionen führen, wenn man Druck auf die Einheimischen ausübt.

Kambodschaner **begrüßen sich mit Sompia**, einer Geste, bei der beide Hände wie im Gebet zusammengelegt werden, während man sich etwas verbeugt. Viele junge Männer ziehen inzwischen einen Handschlag vor, aber wer älteren Menschen oder Frauen Respekt zeigen will, sollte mit *Sompia* grüßen. Wer die Aufmerksamkeit eines Khmer auf sich ziehen möchte, der sollte ihn immer mit der **Handfläche nach unten** zu sich selbst heranzuwinken versuchen, um nicht unhöflich zu erscheinen.

In Privathäusern und Gebetshallen in Tempeln zieht man grundsätzlich seine Schuhe aus. Beim **Besuch aktiver Tempel** sollte man ordentlich gekleidet sein, d. h., Strandkleidung, kurze Hosen und bei weiblichen Besucherinnen allzu knappe Oberteile sollten vermieden werden. Setzt man sich in einem Tempel auf den Boden, so sollten die Fußsohlen nicht in die Richtung der Buddhastatue zeigen.

Frauen dürfen Mönche nicht berühren und sollten im Falle der Übergabe eines Geschenkes einen männlichen Begleiter bitten, dies zu tun. Der Kopf ist der heiligste Teil des Körpers und sollte niemals berührt werden, auch nicht der Kopf eines Kindes. Wer eine Kopfbedeckung trägt, sollte diese bei der Begrüßung älterer Kambodschaner oder Mönche abnehmen.

Nachdem einige Touristen sich in den Tempeln entblößt und die Fotos auf sozialen Medien veröffentlicht haben, hat die APSARA Authority eine **Reihe von Regeln für einen respektvollen Tempelbesuch** veröffentlicht, die vor Ort auch aushängen: Knappe Kleidung, das Verteilen von Geld oder Süßigkeiten an Kinder, Rauchen, laute Gespräche und das Fotografieren von Mönchen, ohne um Erlaubnis zu fragen, sind nicht erwünscht. Das Herumklettern auf losen Steinen, das Berühren von Steinmetzarbeiten, Graffitis und die Mitnahme von archäologischen Objekten sind streng untersagt.

Verkehrsmittel

Siem Reap ist so klein, dass man in der Innenstadt fast alle Ziele zu Fuß erreichen kann.

Wer etwas weiter außerhalb wohnt oder nach all den Tempelbesichtigungen einfach genug vom Laufen hat, kann kurze Strecken in der Stadt mit einem **Motodup** (Motorradtaxi) für 2000–4000 Riel oder mit einem **Tuk-Tuk** für US$ 2–4 zurücklegen. Diese Tuk-Tuks sind den ganzen Tag und bis spät in die Nacht an jeder Straßenecke zu finden.

Ein **Taxi** kann man von jedem Hotel ab US$ 25 pro Tag mieten.

Motorrad- oder Autofahren ist Ausländern in Siem Reap offiziell nicht gestattet, aber seit einiger Zeit können 150 ccm-Roller in einer Reihe von Geschäften in der Innenstadt für US$ 10 pro Tag gemietet werden. Die vielleicht bessere Alternative sind die **elektrischen Fahrräder**. Das **Green E-Bike** (Tel. 095700130, www.greene-bike.com) kostet US$ 10 pro Tag, während die Bikes von **Ovelocity** (138 Taphul Road, Tel. 089905062, www.ovelocity.com) US$ 8 pro Tag kosten (siehe auch Kapitel Fortbewegung S. 24).

Einfache **Fahrräder** allerdings können in vielen *Guesthouses* für US$ 1 bis US$ 3 gemietet werden.

▷ *Da das Autofahren Touristen in Siem Reap untersagt ist, bietet sich das Fahrrad als Fortbewegungsmittel der Wahl an*

Versicherungen

Wer nach Kambodscha reist, benötigt eine **Reisekrankenversicherung**. Das Unfallrisiko ist höher als zu Hause, der Verkehr chaotisch und die Kosten für eine adäquate medizinische Notfallversorgung – sofern überhaupt vorhanden – oder eine Evakuierung ins Ausland sind gewaltig. Es ist daher wichtig, dass ein eventuell nötiger Rücktransport ins Heimatland abgedeckt ist, wobei man auf den Zusatz „sinnvoll und vertretbar" anstelle des bloßen „medizinisch notwendig" achten sollte. Außerdem sollte man überprüfen, ob eine vollständige Kostenübernahme gewährleistet ist.

In einigen wenigen Hotels werden gelegentlich Wertsachen gestohlen, daher empfiehlt es sich unter Umständen eine **Reisegepäckversicherung** abzuschließen.

Wellness und Erholung

Nach einem langen Tag im Angkor Archaeological Park gibt es nichts Besseres als eine entspannende Massage. In Siem Reap finden Besucher eine **breite Auswahl an Wellnessangeboten** und Massagesalons vor (und damit sind Etablissements gemeint, die auch wirklich traditionelle Massagen anbieten). Die preiswerten Massagestudios befinden sich um den Old Market, während teurere **Spas** meist in den gediegeneren Hotels zu finden sind.

Wellness und Erholung

KURZ & KNAPP

Siem Reaps Fish Spas
Der neuste Schrei in Sachen Körperpflege ist in Südostasien das sogenannte „Fish Spa". Besucher stecken ihre Füße 15 oder 30 Minuten lang in ein großes Wasserbecken, gefüllt mit Hunderten kleinen Fischen, die **dem Kunden die Hornhaut von den Füßen knabbern.** Piranhas sind es glücklicherweise nicht. In Siem Reap scheinen Fish Spas derzeit an jeder zweiten Straßenecke aus dem Boden zu schießen, besonders in der Gegend um den Old Market (s. S. 73).

Massageshops

● 112 [A5] **Asia Herb Association**, Sivatha Boulevard, Tel. 063964555, http://asiaherbassociation.com. Hier ist eine breite Palette thailändischer Massagen auf hohem Niveau im Angebot. Verwendet werden organische Produkte, die von der Firma selbst angebaut werden. Die Preise beginnen bei US$ 15 die Stunde.

● 113 [B5] **Lotus Dream Spa**, 515 Shinta Mani Street, Tel. 017556043, https://lotusdreamspa.com, tägl. 11–23 Uhr. Nicht wirklich ein Spa, aber die Massagen zwischen US$ 12 und US$ 20 die Stunde sind allesamt kompetent ausgeführt und das Etablissement ist sauber und liegt fast zentral.

Spas

● 114 [B6] **Bodia Spa**, 2, Thnou Street, Tel. 063761593, www.bodia-spa.com. Gediegenes Wellnesscenter (US$ 24–48 für 1 Std. Massage) in zentraler Lage. Bis vor kurzer Zeit waren derartige Spas nur in teuren Hotels zu

Etwas gewöhnungsbedürftig: ein Fish Spa in Siem Reap

finden, aber in-zwischen werden Wellnessangebote zunehmend zum festen Bestandteil eines gelungenen Urlaubs. Das Bodia verwendet ausschließlich Bioprodukte und bietet neben den traditionellen Kopf-, Nacken-, Fuß- und Körpermassagen auch Massagen mit heißen Steinen an.

● **115** [B5] **Frangipani,** 24 Hup Guap Street, nördlich des Old Market, Tel. 063 964391, www.frangipanisiem reap.com. Große Auswahl an diversen Wellnessbehandlungen ab US$ 20, darunter Aromatherapie, Fußmassagen, Hot-Stone-Massagen, Sportmassagen sowie kosmetische Gesichtsbehandlungen.

● **116** [A6] **Lemongrass Garden (1),** 202 Sivatha Boulevard, nahe Pub Street, www.lemongrassgarden.com, Tel. 012 387385. Preiswertes Wellnesscenter, das den teureren Boutique-Spas mit gutem Service und einer breiten Angebotspalette ernste Konkurrenz macht. Filiale:

● **117** [A5] **Lemongrass Garden (2),** 105B Sivatha Boulevard

Swimmingpools

Swimmingpools sind in Siem Reap in unglaublich vielen Hotels und auch in sehr preiswerten Unterkünften zu finden, allerdings sind die meisten doch eher als winzig zu bezeichnen. Im Folgenden gibt es eine Liste größerer Swimmingpools, in denen man richtig schwimmen kann. Nicht-Hotelgäste zahlen normalerweise zwischen US$ 3 und US$ 10 Eintritt. Sonnenliegen und Badetücher sind im Preis in der Regel inbegriffen.

› Kafu Resort & Spa (s. S. 125)
› Raffles Grand D'Angkor (s. S. 127)
› Kanell Restaurant (s. S. 106)
› Shinta Mani (s. S. 127)
› SiZen Retreat & Spa (s. S. 125)

Wetter und Reisezeit

Die beste Reisezeit ist im November und Dezember kurz nach der Regenzeit. Die Vegetation sprießt und ist grün und der sonst alles bedeckende Staub nimmt einem ausnahmsweise nicht den klaren Blick auf die Tempel. Die **Temperaturen** liegen bei unter 32 Grad. (Vor allem für Fotografen ist dies die perfekte Reisezeit.) Januar und Februar sind ebenfalls angenehme Monate. Im März steigen die Temperaturen langsam an. Mitte April, zur Zeit des Neujahrsfests in Kambodscha, wird es mit über 40 Grad sehr heiß in den kaum schattenspendenden Tempelruinen. Zu dieser Jahreszeit heißt es, um die Mittagszeit ein paar Stunden Besichtigungspause einzulegen und ins Hotel zurückzukehren. Im Mai oder Juni beginnt die Regenzeit und die Temperaturen nehmen langsam ab, während die Luftfeuchtigkeit ansteigt. Während des südostasiatischen Monsuns regnet es nicht, wie man vielleicht erwartet, den ganzen Tag, sondern lediglich ein paar Stunden morgens oder abends – aber dann meist mit einer Kraft, die in Europa völlig unbekannt ist. Im Oktober werden die Niederschläge seltener und in der prallen Wintersonne scheint das ganze Land zu erblühen.

Die **Hauptreisesaison ist von November bis Februar** und der Angkor Archaeological Park ist in diesen Monaten überfüllt. Hunderttausende Besucher – darunter zahllose große und laute Reisegruppen aus Korea und China – drängeln sich mit Kameras bewaffnet durch die Haupttempel. **Während der Sommerhitze und der folgenden Regenzeit ist es am ruhigsten.** Für Fotografen bietet die Regenzeit gute Gelegenheiten,

Wetter und Reisezeit

aufregende wolkenbedeckte Himmel und atemberaubende Wechsel von Licht und Schatten auf den Tempelmauern einzufangen. Ein Schirm und eine dünne Regenjacke sind für Reisen in der Monsunzeit lohnenswerte Investitionen. Für Individualreisende mit großem Interesse an den Angkor-Tempeln sind **September und Oktober** vielleicht die besten Reisemonate – nicht alle Tage sind sonnig, aber es ist jetzt relativ einfach, die großen Gruppen zu vermeiden und die Tempel in Ruhe zu erkunden.

Statue eines Löwen vor Angkor Wat ❶ bei Sonnenuntergang

Wetter in Angkor (Durchschnitt)

	Jan	Febr	März	Apr	Mai	Juni	Juli	Aug	Sept	Okt	Nov	Dez
Maximale Temperatur	31°	34°	35°	36°	34°	33°	32°	32°	31°	30°	31°	30°
Minimale Temperatur	19°	21°	23°	24°	25°	25°	24°	24°	24°	23°	22°	20°
Regentage	1	2	4	7	14	14	17	18	18	14	6	2

ANHANG

Glossar

Anastylosis: von den Holländern entwickelte Restaurierungsmethode, bei der ein Gebäude komplett auseinandergenommen und dann wieder zusammengesetzt wird

Apsara: himmlische, mythische Nymphen, tanzend an vielen Tempelwände in Angkor zu finden, z. B. in Angkor Wat, Ta Prohm und Preah Khan

Apsara Authority: von der kambodschanischen Regierung beauftragte Organisation, die für das Management der Tempel verantwortlich ist

Avalokiteshvera: der Bodhisattwa des universellen Mitgefühls

Banteay (Khmer): ein Fort oder eine Burg

Barang: Bezeichnung für Besucher aus dem Westen, entweder von *Francais* oder dem Thai Wort *Farang* (gleiche Bedeutung) abgeleitet

Baray: Wasserreservoir aus der Angkor-Zeit

Brahma: neben Shiva und Vishnu eine der drei Hauptgottheiten im Hinduismus

Bodhisattwas: Dies sind laut Mahayana-Buddhismus Menschen, die auf dem Weg der Erleuchtung so weit vorangekommen sind, dass sie ihren Mitmenschen mit ihrer Weisheit helfen können. Die Gesichter auf den Türmen des Bayon und einer Reihe *Gopuras* (s. u.) um Angkor Thom sollen eine Kombination aus dem Antlitz eines Bodhisattwas und dem des Königs Jayavarman VII. sein.

Boeung (Khmer): ein See oder Teich

Champa: ein Nachbarstaat des ehemaligen Khmer-Reiches, im Mekongdelta des heutigen Vietnam gelegen

Deva-Raja (Sanskrit): Gottkönig

Devata: stehende weibliche Gottheit, oftmals auch als *Apsaras* bezeichnet

Dharamshala (Sanskrit): Rasthaus für wandernde Pilger

Garuda: Fabelwesen aus der Hindumythologie und Reittier des Gottes Vishnu

Gopura: Tor in einer Tempelmauer

Indra: hinduistische Gottheit

Khmer: 1. die größte ethnische Gruppierung im Land, 2. die Sprache sowohl des antiken als auch des heutigen Kambodschas

Krama (Khmer): traditioneller Baumwollschal der Khmer

Laterit: vulkanischer Stein, aus dem viele der Angkor-Tempel gebaut sind

Linga: ein phallisches Symbol, das den Gott Shiva repräsentiert

Meru: der mythische pyramidenförmige Tempelberg, in dem die Götterwelt der Hindus zu Hause ist. Viele Angkor-Tempel sind dem heiligen Berg nachempfunden und werden ebenfalls als Tempelberg bezeichnet.

Motodup: Motorradtaxi

Naga: vielköpfige Schlange aus der hinduistischen Mythologie

NGO (Engl., Abk. für *non governmental organisation*): Nichtregierungsorganisation

Phnom (Khmer): Berg, Hügel

Prasat (Khmer): Turm

Preah (Khmer): heilig

Raja (Sanskrit): König

Reamker (Khmer): der kambodschanische Name für die Ramayana, ein in Kambodscha bekanntes hinduistisches Epos aus Indien

Shiva: eine der drei hinduistischen Hauptgottheiten neben Brahma und Vishnu, Erschaffer und Zerstörer des Universums

Sompia: Begrüßungsgeste der Khmer

Sop (Khmer): kambodschanische Suppe, die sehr langsam gekocht wird

Spean (Khmer): Brücke

Stupa (Sanskrit): Grabhügel und Denkmal für Buddha

Sumlar (Khmer): kambodschanische Suppe, die schnell zubereitet wird

Tempelberg: der architektonische Aufbau eines Tempels, soll den heiligen Berg Meru aus der hinduistischen Mythologie und seine Umgebung symbolisieren.

Thom (Khmer): groß

+++ Die wichtigsten Wörter mit dem Bonus-Audiotrack des Kauderwelsch-

-varman (Khmer): zweiter Teil des Namens aller Könige Angkors, bedeutet so viel wie „beschützt von".
Vihear (Khmer): das Hauptgebäude in einer buddhistischen Tempelanlage
Vishnu: eine der drei hinduistischen Hauptgottheiten neben Brahma und Shiva
Wat (Thai): moderne Pagode

Kleine Sprachhilfe Khmer

Die folgenden Wörter und Redewendungen wurden dem Reisesprachführer „Khmer – Wort für Wort" aus dem REISE KNOW-HOW Verlag entnommen (Kauderwelsch-Band Nr. 62).

Aussprache

Folgende Buchstaben(-kombinationen) werden evtl. anders als im Deutschen erwartet ausgesprochen.

dj	wie „dsch" in „Dschungel"
gn	„nj", klingt wie „gn" in „Champignon"
h	immer gesprochen wie in „Haus"
k	unbehauchtes „k" wie in „c" in „Eau de Cologne"
kh	behauchtes (deutsches) „k" wie in „kommen"
ng	wie „ng" in „fangen"
p	unbehauchtes „p" wie in „stoppt"
ph	behauchtes (deutsches) „p" wie in „Park"
r	gerolltes Zungen-R wie im Spanischen
s	immer stimmloses „s" wie in „Bus"
t	unbehauchtes „t" wie in „studieren"
th	behauchtes (deutsches) „t" wie in „Tag"
tsch	klingt wie „dch" in „Mädchen"
y	wie „j" in „ja"
aä	zwischen a und ä
ai	wie „Ei"
ao	„au" wie in „Gaumen"
aö	zwischen a und ö (im hinteren Mundraum)
aw	kurzes a und w wie in „Wein"
å	offenes „o" wie in „Och!"
ea	klingt wie in „Erde"
eä	„ä" wie in „krähen"
eah	langes „e" wie in „Tee"
eang	langes „e" wie in „Tee"
ęy	zwischen „e" wie in „Sprache" und iy
ey	klingt wie „äj" wie in „Marseille"
ia	klingt wie in „hier"
o	geschlossenes „o" wie in „Ofen"
oa	klingt wie in „Ohr"
oę	ähnlich ö, jedoch tiefer im Mundraum sprechen
oo	langes „o" wie in „Moos"
ö	ähnlich wie in „Möglichkeit" (Lippen spitzen)
öå	zwischen ö und å (im hinteren Mundraum)
öw	kurzes ö und w wie in „Wein"
ū	etwa zwischen ö und ü (im hinteren Mundraum)
ua	klingt wie in „Uhr"

Die wichtigsten Fragewörter

អ្នកណា?	neak-na?	wer?	នៅឯណា?	nŏw-aäna?	wo?
អ្វី?	awey?	was?	មកពីណា?	mook-pii-na?	woher?
ហេតុអ្វី?	haät-awey?	warum?	ទៅណា?	tŏw-na?	wohin?
យ៉ាងម៉េច?	yang-mędj?	wie?	ពេលណា?	peel-na?	wann?
ប៉ុន្មាន?	ponman?	wie viel?	តើ	taö	Fragewort

AusspracheTrainers auf PC oder Smartphone lernen (siehe Umschlag hinten) +++

Die wichtigsten Richtungsangaben

ខាងជើង	khang-djöng	Norden	ខាងកើត	khang-kaöt	Osten
ខាងត្បូង	khang-tbong	Süden	ខាងលិច	khang-lidj	Westen
ខាងឆ្វេង	khang-tschweeng	links	ខាងស្ដាំ	khang-sdam	rechts
ខាងមុខ	khang-muk	vor(n)	ខាងក្រោយ	khang-kraoy	hinten/-r
ត្រង់នេះ	trång-nih	hier	ត្រង់នោះ	trång-nuh	dort
ជិត	djoet	nahe	ឆ្ងាយ	tschngay	weit
ខាងមុខ	khang-muk	gegenüber	ត្រង់	trång	geradeaus
បត់	båt	abbiegen	ទៅវិញ	töw-wign	zurück
ភ្លើងស្តុប	phlöng-stop	Ampel	ផ្លូវបំបែក	phlöw-båmbaäk	Kreuzung

Die wichtigsten Zeitangaben

ថ្ងៃនេះ	thngai nih	heute	ពេលវេលានេះ	eylöw nih	jetzt
ម្សិលមិញ	msel megn	gestern	ម្សិលម្ងៃ	msel mngai	vorgestern
ស្អែក	såäk	morgen	ខានស្អែក	khan-såäk	übermorgen
ព្រឹក	proek	Morgen	ថ្ងៃត្រង់	thngai-trång	Mittag
ថ្ងៃរសៀល	thngai-roosial	Nachmittag	យប់	yub	Abend

Die Zahlen

0	០	son	10	dåb	40	saäseb
1	១	muay	11	dåb-muay	50	haseb
2	២	pii	12	dåb-pii	60	hokseb
3	៣	bey	13	dåb-bey	70	djetseb
4	៤	buan	20	moophey	80	paätseb
5	៥	pram	30	samseb	90	kawseb
6	៦	pram-muay	100	muay-rooy	100.000	muay-saän
7	៧	pram-pii	1000	muay-poan	1.000.000	muay-lian
8	៨	pram-bey	10.000	muay-mön		
9	៩	pram-buan				

Nichts verstanden? – Weiterlernen!

Wie bitte?	neak tha medj?	អ្នកថាម៉េច ?
Entschuldigung, ich habe nicht verstanden.	åt-tooh khgnom men yul tee.	អត់ទោសខ្ញុំមិនយល់ទេ
Ich verstehe überhaupt nichts.	khgnom men yul awey teang-åh.	ខ្ញុំមិនយល់អ្វីទាំងអស់ ។

Deutsch	Khmer (Umschrift)	Khmer
Ich verstehe nur ein wenig.	khgnom yul tedj tedj.	ខ្ញុំយល់តិចៗ ។
Können Sie das bitte noch einmal wiederholen?	taö neak adj niyiay mdång tiat ban tee?	តើអ្នកអាចនិយាយម្ដងទៀតបានទេ?
Sprechen Sie bitte ein bisschen langsamer.	som niyiay yūt yūt båntedj.	សូមនិយាយយឺតៗបន្តិច ។
Umgangssprache verstehe ich schwer.	khgnom pibak yul kriamphiasa nah.	ខ្ញុំពិបាកយល់គ្រាមភាសាណាស់ ។
Wie heißt das auf Khmer?	roobåh nih djia phiasa khmaä kee tha medj?	របស់នេះជាភាសាខ្មែរគេថាម៉េច ?
Wie heißt „…" auf Khmer?	„…", kee tha medj djia phiasa khmaä	¨ … គេថាម៉េចជាភាសាខ្មែរ ?
Bitte, schreiben Sie mir dieses Wort auf.	som såsee piak nih aoy khgnom phång.	សូមសរសេរពាក្យនេះអោយខ្ញុំផង ។

Einfach & schnell die Landessprache lernen
Kauderwelsch Sprachführer

Khmer für Kambodscha – Wort für Wort

Claudia Götze-Sam, Sam Samnang
978-3-8317-6533-1
160 Seiten | Band 62
Umschlagklappen mit Aussprachehilfe und wichtigen Redewendungen.

Wörterlisten:
Khmer – Deutsch, Deutsch – Khmer.

9,90 Euro [D]

Register

A
Aki-Ra-Minenmuseum 66
Alltag der Khmer 35, 45
Altstadt 20, 73
Amrita 36, 49
Anastylosis-
  Methode 64, 66
Angkor
  Archaeological Park 20
Angkor Halbmarathon 88
Angkor National
  Museum 20, 75, 80
Angkor Night Market 21, 95
Angkor Photo Festival 72
Angkor Thom 13, 20, 39
Angkor Wat 13, 15, 17, 27
Anreise 90
Antiquitäten 72, 94
Apotheke 115
Apps 114
Apsara Authority 83, 85
Apsaras 32, 56
Apsara-Tanz 116
Archäologen 50, 54, 81
Architektur 17
Arzt 115
Ausflüge 75, 116
Ausgrabungen 9
Auslandsreisekranken-
  versicherung 115, 129
Ausrüstung 92
Auto 24, 92

B
Bäder, königliche 51
Bakheng 12, 20
Bakong 11, 70
Baksei Chamkrong 21, 38
Bambu Stage 87
Banteay Kdei 13, 22, 57
Banteay Samre 13, 22, 64
Banteay Srei 12, 21, 65
Baphuon 13, 20, 41, 50
Baray 11, 18, 22, 60, 69
Baray Jayatataka 60
Baray Srah Srang 57
Barrierefreies Reisen 92
Bars 116, 118
Bauboom 84
Baumaterialien 18
Bayon 20, 41, 43
Begrüßung 127
Behinderte 92
Betteln 86
Bhagavata-
  Purana 36
Bodhisattwa 42
Bodhisattwas, Gesichter von
  18, 40, 42, 43, 56, 62
Bomben 25
Bonn Oum Took 88
Bonn Pchum Ben 88
Boote 91
Bootstouren 77
Botschaften 93
Buddhismus 9, 50, 59
Bürgerkrieg 25, 82
Bus 90

C
Cafés 101
Cambodian Cultural
  Village 74, 80
Center for
  Khmer Studies 72, 75
Champa 12, 13, 48
Chau Say
  Tevoda 13, 20, 53
Chenla 9
Chong Neas 76
Choul Chhnam 88
Chou
  Ta-Kuan 10, 14, 29, 50
Circuit, Grand 16, 21, 58
Circuit, Petit 16, 20, 27
Croft, Lara 30, 54

D
Dämonen 37, 49, 52
Debitkarte 109, 117
Denguefieber 110
Deutsch 26
Devatas 32, 56
Diplomatische
  Vertretungen 93
Dschungeltempel 20, 54

E
E-Bike 24, 128
EC-Karte 109, 117
École Française
  d'Extrême-Orient 16, 81
Ehrenterrasse 31
Einkaufen 94
Einreisebestimmungen 93
Eintrittsticket 23, 83
Elefanten 8, 38, 58
Elefantenterrasse 20
Elektrizität 107
Erholung 129
Essen 98
Events 87

F
Fähre 91
Fahrrad 23, 86, 119, 128
Feiertage 87
Fest der Toten 88
Film 107
Fischparadies 78
Fish Spas 130
Flachreliefs 34, 45
Flachtempel 18
Floating Village 76
Flughafen 90
Flussbett 69
Fluss Siem Reap 80
Fortbewegung 24
Foto 62, 72, 107
Franzosen 81, 84
Frauen 128
Frauentempel 65
Fremdenverkehrsamt 114
Führer,
  einheimische 26
Funan 9

G
Garküchen 20, 23
Garuda 48
Gästehäuser 122
Gastronomie 101
Gecko Environment
  Center 76, 78
Geld 108
Generalkonsulat 93

Geschäfte 95
Geschichte 8, 72, 81
Gesichter von Bodhisattwas 18, 40, 42, 43, 56, 62
Gesundheitsvorsorge 111
Getränke 100
Gewürze 98
Girocard 109, 117
Glossar 134
Gopura 18, 30
Gottkönig 11
Grand Circuit 16, 58
Grenzübergänge 91
Großer Rundgang 58
Grundwasserspiegel 85
Guerillabewegung 82
Guesthouses 122
Guides 26

H
Handy 141
Hariharalaya 11, 38, 69
Harshavarman 38
Hauptstadt 39
Hindugottheiten 62, 64
Hinduismus 9, 14, 30, 42, 50, 59
Hindutempel 53, 57, 64
Holzbauten 17, 52
Homosexuelle 118
Hotels 122
Hygiene 111

I, J
Indien 8, 17
Indra 66, 67
Indravarman I. 11
Informationsquellen 25, 112
Infrastruktur 80, 86
Innenstadt 72
Internet 25, 114
Jayavarman II. 10, 69, 75
Jayavarman IV. 12
Jayavarman V. 12
Jayavarman VI. 13
Jayavarman VII. 13, 39, 51, 54, 58, 60, 62
Jayavarman VIII. 14
Jolie, Angelina 54, 126

K
Kambuja 10
Kampot-Pfeffer 101
Kartensperrung 117
Kbal Spean 21, 69
Khmer 9, 35, 45
Khmer, Rote 16, 25, 50, 82
Khmer-Sprache 120
Killing Fields 82
Kinder 86, 115
Kleangs 53
Kleidung 92, 127
Kleiner Rundgang 27
Klosterheiligtum 57
Klubs 116
Koh Ker 38
Kolonialherrschaft 81, 84
König 10, 50, 82
Königsstadt 20
Korruption 84, 85
Kosten 23, 109
Krankenhaus 115
Kreditkarte 23, 108, 117
Kriminalität 120
Krishna 67
Küche, asiatische 103
Küche, internationale 105
Küche, kambodschanische 102

L, M
Lächeln der Khmer 42
Lakshmi 37, 57
Landminen 25, 66
Lara Croft 30, 54
Laterit 18, 51
Leitungswasser 111
Leprakönig, Sage 49
Leprakönig, Terrasse des 51
LGBT+ 118
Lingas 21, 38, 64, 69, 75
Literaturtipps 22, 113
Loc Lac 99
Lokale 102
Lolei 70
Luxushotel 82, 127
Maestro-Karte 109, 117
Mahabharata 10, 34, 49, 50

Mahayana-Buddhismus 13
Malaria 110
Malreaux, André 65
Marathon 88
Marihuana 99
Märkte 95
Massage 129
Mebon, östlicher 12, 22, 62
Mebon, westlicher 13, 22, 69
Medien 25, 114
Medizinische Versorgung 115
Mekong 78
Mekong Exploration Commission 15
Meru 11, 17, 30
Milchmeer 36, 49
Minenmuseum 20, 25, 66
Minenopfer 56
Mönche 15, 29, 59, 128
Mon-Khmer 8
Motodup 24, 128
Motorrad 24, 92
Motorradtaxis 24
Motorroller 24, 92
Mouhot, Henri 15, 29
Museum 75
Mythologie, hinduistische 17, 35, 48, 53, 67

N, O
Nachtleben 20, 116
Naga 18, 30
National Highways 81
National Museum 20, 75, 80
Neak Pean 21, 60
Neujahr 76, 88
Night Market 21, 95
Notfälle 117
Notruf 117
Öffnungszeiten 23, 119
Old Market 21, 73, 95

P
Pagode 74, 80
Passage, The 94
Petit Circuit 16, 20, 27
Pfeffer 101
Phallussymbole 69

Phare-Ponleu-Selpak-Zirkus 87
Phimeanakas 41, 50
Phnom Bakheng 23, 37
Phnom Koulen 75
Phnom Krom 76
Phnom Penh 15
Photo Festival 72
Plünderung 16
Polizei 117, 120
Pol Pot 82
Post 119
Praek Toal 77
Prahoc 100
Prasat 17, 30, 54
Prasat Kravan 22, 57
Preah Enkosei 74
Preah Khan 13, 21, 58
Preah Ko 11, 70
Preah Palilay 52
Preah-Pithu-Tempelgruppe 52
Preise 78, 109
Premierminister 84
Pre Rup 12, 21, 63
Prostitution 120
Publikationen 25, 114
Pub Street 74

R
Radfahren 119
Rajendravarman II. 12, 38, 50, 62, 63
Ramayana 35, 37, 49, 50, 67
Rauchen 117
Refill Not Landfill 98
Regenzeit 92, 131
Reichtum 68
Reisekasse 108
Reisezeit 131
Restaurants 102
Restaurierung 16, 56
Revolution 16, 82
Riel 108
Roaming 122
Rollstuhlfahrer 92
Roluos-Tempelgruppe 11, 21, 69

Rote Khmer 16, 25, 50, 82
Royal Independence Gardens 74, 80
Rundgang, Großer 21, 58
Rundgang, Kleiner 20, 27

S
Samre 64
Sandstein 18, 53
Säulen 59
Schiff 91
Schlangen 30
Schuhe 128
Schwimmbäder 116, 131
Sen, Hun 84
Shimano, Kenryo 15
Shiva 21, 35, 48, 49, 50, 66
Shopping 94
Siam 8, 16
Sicherheit 26, 120
Siem Reap 20, 72, 80
Siem-Reap-Fluss 73, 85
Sihanouk, Norodom 82
Sivatha Boulevard 80
Smoker's Guide 117
Sompia 127
Sonnenschutz 92
Sonnenuntergang 38
Souvenirs 86, 94
Spartipps 23
Spas 130
Speisen 98
Sperrnummer 117, 119
Sprache 8, 120
Sprachhilfe 135
Srindravarman 14, 29
Steinbauten 17
Straßen 26, 72, 92
Stromspannung 107
Sukhothai 14
Supermärkte 98
Suryavarman I. 12
Suryavarman II. 13, 30, 53
Swimmingpools 116, 131

T
Ta Keo 12, 20, 53
Tanzvorstellung 22, 74

Ta Prohm 13, 20, 54
Ta Som 21, 62
Taxi 24, 91, 128
Telefonieren 121
Tempel, aktive 75
Tempelberg 11, 17, 62
Tempel der Frauen 65
Tempelkinder 86
Tempelschatz 55
Tempeltouren 26
Tempel von Roluos 11
Temperaturen 131
Tep Pranam 52
Terrasse der Elefanten 41
Terrasse des Leprakönigs 20, 41, 51
The Passage 94
Theravada-Buddhismus 14
Thommanon 13, 20, 53
Ticketschalter Angkor Wat 23
Toiletten 112
Tonlé-Sap-See 9, 20, 75, 80
Tourismus 84, 85
Touristeninformation 25
Tourist Police 117
Trinken 98
Trinkgeld 101
Trinkwasser 98, 111
Tropenkrankheiten 110
Tuk-Tuk 24, 128

U, V
Uhrzeit 122
Umtauschkurse 109
Umwelt 85
Umweltschutzgebiet 78
Unabhängigkeit 83
UNESCO 78, 83
UNESCO-Weltkulturerbe 16, 85
Unfälle 92
Unterkunft 118, 122
Utyadityavarman II. 13
Vegetarier 104
Verhaltenstipps 127

Verkehr 26, 85
Verkehrsmittel 128
Versicherungen 129
Vishnu 36, 48, 57, 62, 66
Visum 93
Vogelschutzgebiet 77
Vorwahl 121
VPAY 109

W
Währung 108
Wasser 98, 111
Wasserfälle 75
Wasserfest 88
Wassermacht 68
Wassermangel 115
Wasserreservoir 11, 18, 57, 60, 69
Wassertempel 69
Wat 70, 80
Wat Athvea 76, 80
Wat Bo 74, 80
Wat Damnak 75, 80
Wat Kesaram 74
Wat Lanka 80
Wat Thmei 75
Websites 25
Wellness 129
Weltkulturerbe 16, 85
Wetter 131
Wiederaufbau 16
Wiederentdeckung 15, 65, 85
WLAN 122
Würgefeigen 55

Y, Z
Yasodharapura 12, 13, 38, 50
Yasovarman I. 11, 38
Zeit 122
Zirkus 87
Zitadelle
 der Frauen 21
Zoll 94

Angkor mit PC, Smartphone & Co.

QR-Code auf dem Umschlag scannen oder **www.reise-know-how.de/citytrip/angkor19** eingeben und die **kostenlose Web-App** aufrufen (Internetverbindung zur Nutzung nötig)!

★ **Anzeige der Lage und Satellitenansicht aller** beschriebenen Sehenswürdigkeiten und touristisch wichtigen Orte
★ **Routenführung** vom aktuellen Standort zum gewünschten Ziel
★ **Exakter Verlauf** der empfohlenen Rundgänge
★ **Audiotrainer** der wichtigsten Wörter und Redewendungen
★ **Updates** nach Redaktionsschluss

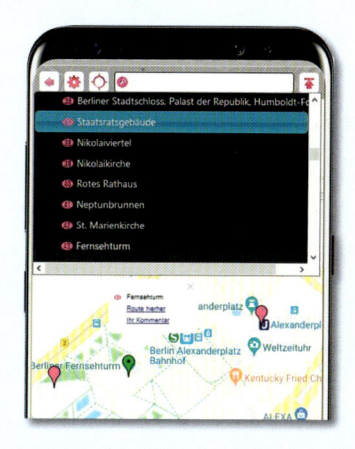

GPS-Daten zum Download
Die GPS-Daten aller Ortsmarken und Rundgänge können hier geladen werden: www.reise-know-how.de, dann das Buch aufrufen und zur Rubrik „Datenservice" scrollen.

Stadtplan für mobile Geräte
Um den Stadtplan auf Smartphones und Tablets nutzen zu können, empfehlen wir die App „Avenza Maps" der Firma Avenza™. Der Stadtplan wird aus der dieser App heraus geladen und kann dann mit vielen Zusatzfunktionen genutzt werden.

Die Web-App und der Zugriff auf diese über QR-Codes sind eine freiwillige, kostenlose Zusatzleistung des Verlages. Der Verlag behält sich vor, die Bereitstellung des Angebotes und die Möglichkeit der Nutzung zeitlich und inhaltlich zu beschränken. Der Verlag übernimmt keine Garantie für das Funktionieren der Seiten und keine Haftung für Schäden, die aus dem Gebrauch der Seiten resultieren. Es besteht ferner kein Anspruch auf eine unbefristete Bereitstellung der Seiten.

Der Autor

Schriftsteller und Asienexperte **Tom Vater** lebt seit knapp 20 Jahren in Asien, reiste 2001 erstmals nach Kambodscha und verliebte sich sofort in dieses mysteriöse Land am Mekong mit seiner oft tragischen Geschichte. Seitdem hat er zahlreiche Artikel und das Drehbuch für einen Film (SWR) über die Ruinen des Angkor-Reiches geschrieben. Auf Englisch gibt es von ihm zudem drei Krimis, darunter „The Cambodian Book of the Dead".

Seine Artikel erscheinen vor allem im Daily Telegraph, aber auch in MERIAN, während der REISE KNOW-HOW Verlag einige Titel von Tom Vater zum Thema „Reisen in Asien" herausgegeben hat. Lesen Sie weiter bei www.tomvater.com.

Die Fotografin

Aroon Thaewchatturat arbeitet seit 15 Jahren im südostasiatischen Raum. Ihre Bilder erscheinen in Publikationen wie Time Magazine, Newsweek, Wall Street Journal und MERIAN. Ihre Produktionsarbeit für eine Dokumentation über Thailands Seenomaden von „60 Minutes" (CBS) wurde mit einem Emmy Award ausgezeichnet.

2011 hatte sie zusammen mit Tom Vater mit dem illustrierten Buch „Sacred Skin – Thailand's Spirit Tattoos" einen regionalen Bestseller (www.sacredskinthailand.com). Eine Übersicht über weitere Arbeiten und Veröffentlichungen findet sich unter www.aroonthaew.com.

Impressum

Tom Vater

CityTrip Angkor und Siem Reap

© REISE KNOW-HOW Verlag
Peter Rump GmbH 2011, 2013, 2014, 2017
5., neu bearbeitete und
aktualisierte Auflage 2019

Alle Rechte vorbehalten.

ISBN 978-3-8317-3161-9

Druck und Bindung:
Media-Print, Paderborn

Printed in Germany

Herausgeber: Klaus Werner
Layout: amundo media GmbH (Umschlag, Inhalt), Peter Rump (Umschlag)
Lektorat: amundo media GmbH
Karten: Ingenieurbüro B. Spachmüller, amundo media GmbH
Anzeigenvertrieb: KV Kommunalverlag GmbH & Co. KG, Alte Landstraße 23, 85521 Ottobrunn, Tel. 089 928096-0, info@kommunal-verlag.de
Kontakt: Osnabrücker Str. 79, 33649 Bielefeld, info@reise-know-how.de

Alle Angaben in diesem Buch sind gewissenhaft geprüft. Preise, Öffnungszeiten usw. können sich jedoch schnell ändern. Für eventuelle Fehler übernehmen Verlag wie Autor keine Haftung.

Bildnachweis

Umschlagvorderseite und Umschlagklappe rechts: Aaron Thaewchatturat
Soweit ihre Namen nicht vollständig am Bild vermerkt sind, stehen die Kürzel an den Abbildungen für die folgenden Fotografen. Aaron Thaewchatturat: at | Tom Vater: tv | Scott Nicholson: sct

Liste der Karteneinträge

- ❶ [ch] Angkor Wat S. 27
- ❷ [cg] Phnom Bakheng S. 37
- ❸ [cg] Baksei Chamkrong S. 38
- ❹ [cg] Angkor Thom S. 39
- ❺ [cg] Bayon S. 43
- ❻ [cg] Baphuon S. 50
- ❼ [cf] Phimeanakas S. 50
- ❽ [cf] Die Elefantenterrasse S. 51
- ❾ [cf] Die Terrasse des Leprakönigs S. 51
- ❿ [cf/cg] Weitere Gebäude in Angkor Thom S. 52
- ⓫ [cg] Chau Say Tevoda S. 53
- ⓬ [cg] Thommanon S. 53
- ⓭ [cg] Ta Keo S. 53
- ⓮ [cg] Ta Prohm S. 54
- ⓯ [dg] Banteay Kdei S. 57
- ⓰ [dg] Prasat Kravan S. 57
- ⓱ [cf] Preah Khan S. 58
- ⓲ [cf] Neak Pean S. 60
- ⓳ [df] Ta Som S. 62
- ⓴ [dg] Östlicher Mebon S. 62
- ㉑ [dg] Pre Rup S. 63
- ㉒ [eg] Banteay Samre S. 64
- ㉕ [ag] Westlicher Mebon S. 69
- ㉖ [ej] Die Roluos-Tempelgruppe S. 69
- ㉗ [B6] Die Altstadt S. 73
- ㉘ [bi] Cambodian Cultural Village S. 74
- ㉙ [A4] Wat Kesaram S. 74
- ㉚ [B4] Royal Independence Gardens S. 74
- ㉛ [C5] Wat Bo S. 74
- ㉜ [C3] Preah Enkosei S. 74
- ㉝ [B6] Wat Damnak S. 75
- ㉞ [B4] Angkor National Museum S. 75
- ㉟ [B1] Wat Thmei S. 75
- •1 [A5] Green E-Bike S. 24
- •2 [A5] Ovelocity S. 24
- ⛩4 [ci] Panorama Museum S. 73
- •5 [bk] Wat Athvea S. 76
- •6 [B6] Sam Veasna Center S. 77
- •7 [bj] Phare-Ponleu-Selpak-Zirkus S. 87
- 🛍8 [A5] Angkor Night Market S. 95
- 🛍9 [B6] Made in Cambodia Market S. 95
- 🛍10 [B6] Old Market (Phsar Chas) S. 95
- 🛍11 [cj] Phsar Leu Thom Thmey S. 95
- 🛍12 [B6] Sarom Night Market S. 95
- 🛍13 [B6] Art Center Market S. 95
- 🛍14 [B3] Angkor Cookies S. 95
- 🛍15 [B6] Art Book S. 96
- 🛍16 [A6] Artisans d'Angkor S. 96
- 🛍17 [A6] Bambou Company Indochine S. 96
- 🛍18 [B7] Diwo Gallery S. 96
- 🛍19 [B6] Happy Cambodia S. 96
- 🛍20 [B3] Khmer Ceramics S. 96
- 🛍21 [B6] Kru Khmer S. 96
- 🛍22 [B5] McDermott Gallery S. 96
- 🛍23 [A6] Mekong Quilts S. 96
- 🛍24 [bh] Monument Books (1) S. 97
- 🛍25 [B4] Monument Books (2) S. 97
- 🛍26 [B6] Paris Sete S. 97
- 🛍27 [A5] Rajana S. 97
- 🛍28 [B6] Senteurs D'Angkor S. 97
- 🛍29 [B6] Siem Reap Book Center S. 97
- 🛍30 [A6] Smateria S. 98
- 🛍31 [B6] Angkor Trade Center S. 98
- 🛍32 [B4] Lucky Supermarket S. 98
- ☕33 [ch] Angkor Café S. 101
- ☕34 [B5] Common Grounds S. 101
- ☕35 [B5] Pages Café S. 102
- ☕36 [B6] The Blue Pumpkin S. 102
- ☕37 [B6] The New Leaf Eatery S. 102
- 🍽38 [B6] Amok Restaurant S. 102
- 🍽39 [A5] Bugs Café S. 102
- 🍽40 [B6] Chamkar Restaurant S. 102
- 🍽41 [B5] Home Cocktail S. 102
- 🍽42 [B6] Khmer Family Restaurant S. 103
- 🍽43 [B6] Khmer Kitchen Restaurant S. 103
- 🍽44 [B5] Malis S. 103
- 🍽45 [B6] Steakhouse S. 103
- 🍽46 [A6] Terrasse des Eléphants S. 103
- 🍽47 [B5] Viroth's S. 103
- 🍽48 [B5] Dakshin's Restaurant S. 103
- 🍽49 [A5] Himalayan Kitchen S. 104
- 🍽50 [bi] Jardin des Delices S. 104
- 🍽51 [B6] Little India S. 104
- 🍽52 [B5] Paris Saigon S. 105
- 🍽53 [B5] The Hashi S. 105

Zeichenerklärung

- 🍴54 [A4] Abacus Restaurant S. 105
- 🍴55 [B6] Alliance Alizé Art Café S. 105
- 🍴56 [A5] Happy Herb Pizza S. 105
- 🍴57 [B6] Il Forno S. 105
- 🍴58 [B6] Cambodian BBQ S. 105
- 🍴59 [C6] Kanell Restaurant S. 106
- 🍴60 [B6] Olive S. 106
- 🍴61 [A5] Tell Steak House S. 106
- 🍴62 [B6] Viva S. 107
- ✚63 [C5] Dental Clinic S. 115
- ✚64 [bi] Royal Angkor Hospital S. 115
- ✚65 [B6] U-Care Pharmacy (1) S. 115
- ✚66 [A4] U-Care Pharmacy (2) S. 115
- ✚67 [bh] U-Care Pharmacy (3) S. 115
- 68 [B6] Angkor What? S. 116
- 69 [B5] Asana Cambodian House S. 116
- 70 [A6] Harbour Pirate Tavern S. 117
- 71 [A6] Picasso S. 117
- 72 [A5] The Island Bar S. 117
- 73 [B6] Temple Club Bar S. 117
- 74 [A6] X Rooftop Bar S. 117
- 75 [B1] Tourist Police S. 117
- 76 [B5] Barcode S. 118
- 77 [B6] Miss Wong S. 118
- 78 [B6] Cockatoo Resort S. 118
- 79 [C4] Men's Resort & Spa S. 118
- 80 [B6] Rambutan Resort S. 118
- ✉81 [B5] Hauptpost S. 119
- ✉82 [A5] DHL S. 119
- 83 [cj] Areca Angkor S. 122
- 84 [A4] Bou Savy Guest House S. 122
- 85 [C5] Home Sweet Home S. 122
- 86 [B5] Ivy Guest House & Bar S. 123
- 87 [B6] Shadow of Angkor Residence S. 123
- 88 [A7] Siem Reap Riverside S. 123
- 89 [C6] Soun Angkor Boutique S. 123
- 90 [B5] Two Dragons Guesthouse S. 124
- 91 [A6] Baby Elephant Boutique Hotel S. 124
- 92 [A5] Central Boutique Angkor Hotel S. 124
- 93 [B6] Central Indochine S. 124
- 94 [A6] Central Prestige S. 124
- 95 [B5] City River Hotel S. 124
- 96 [cj] Golden Mango Inn S. 124
- 97 [A4] Jasmine Lodge S. 124
- 98 [B4] Kafu Resort S. 125
- 99 [A7] Mango Rain S. 125
- 100 [C6] Manjula Villa S. 125
- 101 [C4] Mysteres d'Angkor S. 125
- 102 [bi] Paul Dubrule Hotel and Tourism School S. 125
- 103 [B5] Shadow Angkor Villa S. 125
- 104 [C4] SiZen Retreat & Spa S. 125
- 105 [A6] The Moon Villa S. 126
- 106 [A5] The Villa Siem Reap S. 126
- 107 [bi] Villa Nanda S. 126
- 108 [B6] Angkor Village Hotel S. 126
- 109 [B5] Shinta Mani Resort S. 127
- 110 [bk] Sojourn Boutique Villas S. 127
- 111 [B4] Raffles Grand Hotel d'Angkor S. 127
- •112 [A5] Asia Herb Association S. 130
- •113 [B5] Lotus Dream Spa S. 130
- •114 [B6] Bodia Spa S. 130
- •115 [B5] Frangipani S. 131
- •116 [A6] Lemongrass Garden (1) S. 131
- •117 [A5] Lemongrass Garden (2) S. 131

Zeichenerklärung

⑩	Hauptsehenswürdigkeit
[F6]	Verweis auf Planquadrat
✚	Arzt, Krankenhaus
◐	Bar, Klub
◯	Café
🖼	Galerie
🛍	Geschäft, Kaufhaus, Markt
🏠	Guesthouse, Pension
🏨	Hotel, Unterkunft
ℹ	Informationsstelle
◑	Kneipe
🏛	Museum
⚑	Polizei
✉	Post
🍴	Restaurant
⚘	Ruine
•	Sonstiges
🌱	Vegetarisches Restaurant
▲	Wat, aktiver Tempel
······	Grand Circuit – Großer Rundgang
······	Petit Circuit – Kleiner Rundgang